진영에 깃든
선사의
삶과 사상

## 진영에 깃든 선사의 삶과 사상

초판 1쇄 펴냄 2017년 8월 22일

해제 · 로담 정안 | 해설 · 이용윤
사진 제공 · 대한불교조계종 총무원 문화부
발행인 · 이자승 | 편집인 · 김용환

펴낸곳   조계종출판사
　　　　출판등록 제300-2007-78호(2007.04.27)
　　　　주소 서울특별시 종로구 삼봉로 81 두산위브파빌리온 230~232호
　　　　전화 02-720-6107~9  팩스 02-733-6708
　　　　홈페이지 www.jogyebook.co.kr

ⓒ 로담 정안 · 이용윤, 2017
ISBN 979-11-5580-096-6  03220

# 진영에 깃든 선사의 삶과 사상

해제 · 로담 정안

해설 · 이용윤

# 조심스럽게 하는 말

어려서 출가를 해서인지 영각에 큰스님 진영이 걸려 있는데 처음에는 한 문을 몰라 스님의 이름과 찬을 읽을 수가 없었고, 후에 글을 배워 이름과 찬을 읽는다 할지라도 도통 어느 시기의 어떤 조사祖師 스님인지, 무슨 큰 일을 해서 후학들의 모범이 되었는지, 이곳에 모셔져 있는 까닭을 알 수가 없었다.

인연이란 미묘한 것이다. 2014년 불교문화재연구소장 임명을 받아 업무를 살피는 가운데 연구소 내 불교미술실에서는 전국 사찰 문화재 일제 조사를 끝낸 상태였고, 그 안에 조사 진영이 포함되어 있음을 알게 되었다. 1차 조사를 끝낸 것으로 활용성의 문제라 생각한 나는 진영의 찬과 조사스님의 일화를 정리해 보기로 마음먹고 미술실 연구원들의 도움을 받아 실행을 하고 있는데 불교신문사에서 연재 제안을 받았다. 내가 할 수 있는 일은 강원에서 배운 한문 몇 줄 번역하는 것이 고작이어서 불화

전공으로 박사학위를 받은 당시 불교미술실 이용윤 실장에게 불교문화
재연구소 홍보 차원에서 함께하기를 요청했다. 그렇게 해서 2년 3개월의
연재가 시작되었다.

흔히 하는 이야기로 사람이 죽으면 볼 수 있도록 그려 놓은 그림이 영정
影幀이고, 일반 사람을 그린 그림을 초상화肖像畵, 임금을 그린 그림을 어
진御眞, 스님을 그린 그림을 진영眞影이라 해 왔다. 국어사전에서도 초상
화는 사람의 얼굴이나 모습을 그린 그림, 어진은 임금의 얼굴을 그린 그
림이나 사진, 영정은 사람의 얼굴을 그린 족자簇子, 진영은 조사나 고승
대덕高僧大德의 초상을 그림으로 표현한 것이라고 하고 있다. 백과사전에
서는 초상화를 인물화의 일부분이라고 보고 있으며, 초상화라는 용어 자
체는 근래에 성어된 용어라고 말한다. 또 삼국시대로부터 조선시대에 이
르기까지 선인先人들의 문헌 기록이나 찬문을 훑어보면 초상화를 일컬어
진眞 · 영影 · 상像 · 초肖 · 진영眞影 · 영자影子 · 사진寫眞 · 전신傳神 ·
영상影像 · 화상畵像 · 영정影幀 · 영첩자影帖子 등 다양하게 지칭하여 왔음
을 볼 수 있다고 정리하고 있다.

『금강경』 제32 응화비진분에서는 현재 존재하는 모든 것은 인간 위주로
만들어진 것이니, 이 모두는 꿈이며, 헛것이며, 물거품이며, 그림자일 뿐
이라고 말한다. 또 아침 이슬과 같고, 번득이는 번개와 같다라고 생각하
고 그렇게 보기를一切有爲法 如夢幻泡影 如露亦如電 應作如是觀 권한다. 또 존재한
다고 하지만 존재하는 그 모든 것에는 아상도 없고, 인상도 없으며, 중생
상도 없고, 수자상도 없으니無我相 無人相 無衆生相 無壽者相, 참이라고 설하는

5

부처님의 존재를 색깔의 다양함이나 소리의 무한함으로 찾을 것 같으면 영원히 찾을 수 없고 끝끝내 볼 수 없을 것이며 若以色見我 以音聲求我 是人行邪道 不能見如來, 부처님을 볼 수 있는 방법은, 존재하는 모습은 헛되고 망령된 것이니 모양에 집착하지 않을 것 같으면 여래를 본 것 凡所有相 皆是虛妄若見諸相非相 卽見如來 이라고 설하고 있다.

역대 조사스님이 존재했던 그 시대나 입적에 드시고 난 뒤에 후학들의 사모와 존경의 마음으로 그려진 모습을 왜 진영이라고 주제했는지를 잘 알게 해 주는 부분이다. 또 어떻게 보고, 생각하고, 판단하고, 행동할 것인가는 늘 숙제이다. 현재의 모습은 부모미생 전부터 익힌 업식으로 받은 몸이다. 조주 스님은 개에게 불성이 없는 까닭을 무명업식 때문이라 했다. 이 몸은 허깨비로, 그림자로, 물거품으로 관하는 수행이란 용광로를 통해 진실되고 참된 모습으로 담아내고 가꾸는 데 있다.

진영이란 글자에 있는 것이 아니라 진영을 우러러보고 있으면 조사스님을 직접 친견하고 있는 것 같고, 진영 찬을 읽고 있으면 조사스님이 법문하는 법석에 함께하고 있는 것 같다. 또 한편으로는 법문을 들은 사부대중이 조사스님들을 찬탄하는 칭송의 소리가 울려 퍼져 나가는 것 같다.

2017년 8월 아가타난야에서
로담 정안

이 년이 넘는 시간동안 백여 분의 선사들을 찾아뵈면서 그분들이 남긴 투철한 수행 정신과 자비 넘치는 삶에 물들었고, 이를 기리려는 문도의 돈독한 정에 마음이 따스했습니다. 이제 그 마음을 본받아 백여 분의 선사들을 한 곳에 모실 조사전祖師殿을 책으로 지어 회향하고자 합니다.

이 상상할 수 없었던 불사佛事가 가능하도록 장場을 펼칠 수 있게 도움을 주신 불교문화재연구소와 대한불교조계종 총무원 문화부, 그리고 그 길을 내 주신 불교신문사, 후세에 길이 전해질 조사전을 지을 수 있도록 십시일반十匙一飯의 모연에 동참하신 스님들과 신도님들, 참모습을 갖추게 해 주신 (주)도반HC 조계종출판사에게 감사의 마음을 전합니다.

2017년 8월 오헌吾軒에서
이용윤

# 차례

**일러두기**

1. 이 책은 지난 2015년 2월부터 2017년 4월까지 〈불교신문〉에 연재된 '진영에 깃든 선사의 삶과 사상'을 보완 · 재구성한 책입니다.
2. 이 책에 실린 순서는 선사들의 생년을 기준으로 하되, 생년이 알려지지 않은 경우나 시대가 명백하지 않은 경우 입적 연대와 활동 연대 등을 참고하여 정리하였습니다.

진영에 깃든
선사의
삶과 사상

장유長遊

# 가락국에 불교를 세우다

箇中遊戱幾時長
劫外春花數朶香
一坐凝然三昧境
峯靑無際海無央

저 가운데 즐기고 농락한 시간이 얼마인가.
시간 밖에 봄꽃이 수없이 늘어져 향기롭고
한 번 앉으니 그렇게 선정삼매의 경계이니
푸른 봉우리 끝없고 바다는 무궁하다.

---

김해 장유사長遊寺에 모셔진 장유長遊, 미상~199(가야 수로왕대) 활동 스님 진영
에 실린 금파 경호錦波鏡胡, 1897~1901 활동 스님의 영찬이다. 금파 스님은 찬
문을 통해 오랜 시간 장유사에 머물면서 선정삼매의 경계에 이른 장유
스님을 찬탄했다.

**월씨국래가락국사장유대화상진영** 月氏國來駕洛國師長遊大和尙之眞

근대, 면, 90.0×59.1, 김해 장유사

19세기 말~20세기 초 경남 남해안 일대에서 활동했던 금파 스님은 1897
년 남해 용문사에서 호은 문성 虎隱文性, 1838~1918 스님이 화주化主를 맡아
일으킨 불사佛事에서 사찰 어른인 회주會主로 기록될 정도로 당시 덕망을
받았던 분이다.

영찬 말미에 금파 스님은 자신을 '삼산후학三山後學'이라 밝히고 있으나
이 삼산이 스승을 지칭하는지, 아니면 지리산의 삼신산三神山을 의미하는
지는 명확하지 않다. 여하튼 장유 스님 진영은 화풍으로 보아 20세기 전
반에 조성된 것으로 추정되며, 영찬도 진영이 제작된 시기에 써진 것으
로 생각된다.

장유 스님은 진영 왼편에 적힌 '월씨국래가락국사장유대화상月氏國來駕洛
國師長遊大和尙'이란 영제影題가 말해 주듯 스님은 가야국 김수로왕의 황후
허황옥許黃玉의 오라비인 허보옥許寶玉으로 누이와 함께 서역인 월지국에
서 가야에 와 불교를 전파했다.

허황후에 관한 이야기는『삼국유사』의「가락국기駕洛國記」와「금관성파사
석탑金官城婆娑石塔」을 통해 정사처럼 후세에 전해지는 데 비해 장유 스님
의 이야기는 수로왕의 일곱 왕자를 데리고 수행했다는 지리산 칠불사를
비롯해 스님이 창건했다는 장유사, 서림사현 은하사, 명월사, 동림사 등 지
리산과 남해안 일대의 사찰에 설화처럼 전해지고 있다.

이 가운데 장유사에는 스님의 진영부터 사리탑여말선초, 가락국사장유화
상기적비駕洛國師長遊和尙紀蹟碑, 1915년경 등이 있어 전설처럼 전해지는 장유
스님을 역사적 존재로 느끼게 한다. 특히 20세기 전반에 세워진 스님의
기적비에는 스님의 법명이 세속의 명리를 멀리하고 불모산에 들어 세상

• 장유화상사리탑, 김해 장유사, 경상남도 문화재자료 제31호
•• 가락국사장유화상기적비, 김해 장유사

에 돌아가지 않고 오래 머문 데에서 비롯되었다는 내용과 더불어 가야국 8대 질지왕 때 장유암을 창건하고 스님의 진영을 성군각에 모셨다는 내용을 기록해 사찰의 유래뿐만 아니라 장유 스님을 예경하는 전통 역시 가야시대부터 지속되었음을 강조했다.

아도 阿度

# 천 년을 이어 온 동방의 빛

一放禪風吹雲裡
桃紅李白現眞光
非徒五濁開疑塞
能使群生到淨方

한 선풍을 놓아 백운 속에 부니
붉은 복사꽃 흰 오얏꽃 아름답게 피네.
오탁에 막힌 의심을 열게 할 뿐만 아니라
능히 모든 중생들을 정토에 이르게 하네.

———

도리사에 모셔져 있는 아도阿度, 357~미상 스님의 진영에 적혀 있는 영찬
이다. 이 진영은 1921년에 용하 법우龍河法雨 스님을 증사로 모시고 남화
경순南化敬順 스님이 도감을 맡아 화승인 벽산 찬규碧山璨奎 스님이 조성했
다. 영찬을 지은 이는 알 수 없으나 찬문을 통해 도리사를 창건하여 세상

**아도대화상진영**阿度大和尙眞影
1921, 비단, 103.0×90.7, 김천 직지사 직지성보박물관

의 혼탁함을 없애고 중생을 구제한 아도 스님의 공덕을 찬탄하고 있음을 알 수 있다. 현전하는 아도 스님의 진영은 20세기 전반에 조성됐으나 도리사의 동방불법시통아도대화상영당 중수기 현판東方佛法始通阿度大和尚影堂重修記懸板에 따르면 영당을 건립해 진영을 모시고 예를 표하는 전통은 적어도 조선 후기부터 이어져 왔다.

아도 스님은 삼국시대에 고구려와 신라의 접경지인 경북 선산에 불교의 씨앗을 뿌린 분이다. 1655년 도리사에 세워진 아도화상사적비 阿度和尚事蹟碑에 의하면 스님은 고구려 출신으로 16세에 사신을 따라 아버지 아굴마阿堀摩가 있는 중국 위나라로 넘어가 출가해 '아도阿度'라는 도첩을 받고, 현창玄暢 스님에게 '아도我道'라 법명을 받았다. 이후 19세에 귀국해 어머니의 뜻을 따라 눌지왕이 다스리는 신라로 넘어와 선산의 모례毛禮 집에 머물며 스스로 '묵호자墨胡子'라 했다.

아도 스님이 모례의 집에 머물 당시 한겨울에도 오색의 복사꽃桃李이 핀 자리가 있어 그곳에 암자를 지었는데 바로 이곳이 도리암桃李庵이다. 행장과 도리사 창건설 외에도 사적비 말미에는 아도 스님이 입적하였는데 간 곳을 모르자 세상에서는 도리사 뒤편의 금수굴金水窟이 입적처로 지금도 기일忌日이면 등을 켠 것처럼 빛이 난다는 이야기가 전한다. 또 아도 스님이 심은 두 복숭아나무가 해를 번갈아 천 년을 살아나고 시들었는데 병자호란이 있던 1636년에 시들기 시작하여 사 년이 지난 1639년에 모두 말라 버렸다는 이야기를 기록해 천 년을 넘어 이어지는 아도 스님과 도리사의 인연을 강조했다.

사적비가 세워지고 수백 년이 지난 1921년, 스님의 진영을 새로 조성하

아도화상사적비, 구미 도리사, 경상북도 유형문화재 제291호

면서 선정에 든 아도 스님이 앉아 있는 자리 아래 화사하게 피어오른 복사꽃을 그려 시공을 초월해 전설처럼 전해져 오는 아도 스님과 도리桃李의 인연을 기념비적으로 표현했다.

청량 징관 清凉澄觀
# '중국 화엄종 4조' 칭송

毘盧藏海 以普門慧
孰得其精 入法界經
橫傾甘露 遺像淸遠
遍飮群珉 凝眸幻形
豈獨七帝師表 實乃萬世儀型

비로자나회해에서 보문의 지혜를
누가 그 정신을 화엄경에서 얻었을까?
감로법을 기울여 남긴 모습은 맑고 영원해
두루 마시게 하니 모두가 아름답고, 환영을 눈여겨보면
어떻게 홀로 칠제 七帝의 사표이며 진실된 만세의 모범일까.

---

송광사 화엄전에 모셔진 청량 징관 清凉澄觀, 738~839 스님 진영에 적힌 영
찬이다. 영찬을 지어 올린 이가 누구인지 알 수 없으나 찬문에는 화엄의

**청량국사진영**清凉國師眞影
조선 후기, 비단, 132.5×87.0, 순천 송광사성보박물관

요체를 열어 후대에 감로법을 베푼 청량 스님에 대한 고마움과 존숭의 마음이 담겨 있다.

당대唐代에 활동한 청량 스님은 776년 오대산의 여러 사찰을 순례하고 대화엄사에서 『화엄경』을 강의하면서 주석서를 지었으며, 또한 796년에 반야般若가 주관하는 40권 『화엄경』 번역에도 참여하고 이에 대한 주석서를 짓기도 했다. 이처럼 청량 스님은 화엄사상에 뛰어난 업적을 남겼고, 이런 연유로 중국의 화엄종 4조祖로 칭송받았다.

천 년 전 중국에서 활동했던 청량 스님의 진영이 시공간을 넘어 조선 후기 송광사에 모셔지고, 찬문을 지어 올렸던 것은 이 시기 만개한 화엄사상과 연관이 깊다.

조선시대에는 청량 스님이 80권 『화엄경』에 주석을 단 『화엄경소華嚴經疏』와 『화엄경소초華嚴經疏鈔』가 유통되면서 지대한 영향을 미쳤다. 17세기 전반 송광사에서는 임진왜란 피해를 복구하면서 2,900여 판에 이르는 『화엄경소』1625년 개판 경판을 새기는 대규모 법보 불사를 진행했다. 완성된 경판은 판전版殿인 화엄전에 모셔졌다.

한편 화엄전 중심 불단에는 비로자나불좌상과 『화엄경』의 '칠처구회七處九會'를 표현한 화엄탱화가 모셔졌고, 주석자인 청량 스님의 진영도 전각에 함께 모셔졌다.

화엄사상이 성행하면서 스님들 사이에는 청량 스님을 존숭하는 마음도 더해졌을 것이다. 이를 반영하듯 무경 자수無竟子秀, 1664~1737의 『무경실중어록無竟室中語錄』에는 청량 국사 진영을 보고 지은 상찬像讚이 전한다.

종이 위에 누가 공의 도리를 전하는 그림을 그렸는가?
국사의 진실하고 미묘한 참모습이여. 입은 불조의 산하
를 다 마시고 눈은 하늘과 땅에 걸리니, 해와 달을 한
가롭게 하며 도행은 우주에 현풍을 떨쳤다. 드높은 명
망은 인천의 덕해에 너그러움이 되고 상이 없는 상 가
운데 모범된 상으로 모든 사람들로 하여금 본래 면목을
반조하게 하네.

紙上誰傳空裡畫　國師眞邈妙毫端
口吞佛祖河山沒　眼掛乾坤日月閑
道行宇宙玄風拂　望重人天德海寬
無象象中模一象　令人返照本來顏

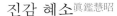

# 육조 선맥 계승자이자 삼신산 법신

白衲淸賓　黑頭陀人
辭國師己　便入三神
觀磎路　捿一法身
每食松實　以度空春
是何境界那
頭流山色插天碧


누비옷의 맑은 정신을 한 흑두타라는 사람은
국사 되기를 사양하고 삼신산으로 들어갔다.
쌍계의 길을 들여다보니 한 법신이 머물며
늘 소나무 열매를 먹고 빈 봄을 보내면서
아아 하는 이는 무슨 경계인가?
두류산 빛과 하늘이 푸르다.

**창건주진감국사진영**創建主真鑑國師之真影
조선 후기, 면, 109.0×73.7, 하동 쌍계사 성보전

하동 쌍계사에 모셔진 진감 혜소眞鑑慧昭, 774~850 스님의 진영에 실린 영찬이다. 비록 영찬을 지은 이가 누구인지 알 수 없으나 그 내용은 진감 스님의 행장이라 해도 무방할 정도로 스님의 삶을 함축적으로 서술하고 있다.

찬문에서 진감 스님을 '흑두타黑頭陀'라 칭한 것은 스님이 785년에 중국 당唐으로 건너가 창주滄州의 신감神鑑 스님에게 출가하자 그 문도들이 스님의 검은 얼굴빛을 보고 흑두타라 부른 일화와 관련이 있다. 나머지 찬문 내용은 세속적 명리를 멀리하고, 쌍계사를 창건하여 수행과 선법의 본분수행자로 살다 간 진감 선사의 삶을 노래하고 있다.

830년에 신라로 귀국한 진감 스님은 흥덕왕의 환대에도 불구하고 지리산 화개곡에 들어가 쌍계사를 창건해 머물렀다. 원래 이곳은 삼법三法 스님이 육조 혜능六祖慧能, 638~713 선사의 두개골을 봉안한 사찰 터로, 진감 스님은 여기에 옥천사玉泉寺, 쌍계사 전신 를 세우고 법통을 헤아려 조계의 현손曹溪之玄孫으로서 육조영당六祖影堂을 건립했다. 흥덕왕에 이어 민애왕도 여러 번 친견을 청하였으나 스님은 쌍계사를 떠나지 않고 오로지 수행 정진과 선법禪法을 펼쳤다. 스님이 입적하자 문성왕은 스님의 행적과 공덕을 기리는 비를 세우고, 헌강왕은 '진감 국사'라는 시호를 내려 승탑을 대공영탑大空靈塔으로 추증하였다.

이처럼 진감 스님의 입당구법, 귀국 후 쌍계사 건립과 선법禪法 활동은 887년에 최치원이 지은 쌍계사 진감선사대공탑비眞鑑禪師大空塔碑에 선명히 새겨져 천 년을 넘어 전승되고 있다. 이 긴 세월 속에서 후손들은 진

진감선사대공탑비, 하동 쌍계사, 국보 제47호

영을 끊임없이 제작해 사찰 창건주이자 달마와 육조의 선맥을 계승한 진감 스님에게 존경과 예우를 표하는 한편 전설과 같은 진감 스님의 이야기가 불가佛家의 실존하는 역사임을 드러냈다.

낭혜 무염 郎慧無染
# 동방의 대보살로 성주산문을 열다

是道澹無味 然須强飮食
他酌不吾醉 他殗不吾飽
誡衆黜心何 糠名復粃利
勸俗飭身何 甲仁復冑義


이 도는 담백하여 맛이 없지만 그래도 굳이 힘써서 마시고 먹어
야 한다.
남이 마신 술은 내가 취하지 않고 남이 먹은 밥에 내 배가 부르지
않네.
대중은 마음을 어떻게 가질 것이냐에 명예는 겨로 부귀는 쭉정이
로 여기고
속세의 몸가짐을 어떻게 가질 것이냐에 인仁을 갑옷으로 의義를
투구로 하라 했다.

此寺初刱主無染國師之真影

**차사초창주무염국사진영**此寺初刱主無染國師之真影

1877, 비단, 132.5×95.5, 창원 성주사 대웅전

이 글은 최치원 崔致遠, 857~미상 이 왕명을 받아 지은, 낭혜화상백월보광탑
비 郎慧和尙白月葆光塔碑 에서 낭혜 무염 郎慧無染, 800~888 스님의 뛰어난 덕을
칭송하기 위한 명 銘 의 일부이다. 낭혜 스님은 태종 무열왕 김춘추의 8대
손으로 13세에 출가하여 부석사의 석징 釋澄 스님에게 화엄학을 배웠다.
821년에 당에 유학하여 보철 寶徹 스님으로부터 마조 도일 馬祖道一 에게 이
어받은 심인 心印 을 전수받았으며 30년간 중국에서 활동하며 동방의 대보
살로 칭송받았다. 귀국 후 웅천주 熊川州, 즉 오늘날 보령에 성주사 聖住寺
를 세워 구산선문 중 하나인 성주산문을 개창하자 도를 배우려는 이들로
가득하였다고 한다.

우리나라에는 낭혜 스님이 세웠다는 보령의 성주사 외에도 창원에 또 하
나의 성주사가 있다. 이곳에는 1877년에 조성한 낭혜 스님의 진영이 대
웅전에 모셔져 있으며 화면 상단에는 낭혜 스님이 사찰을 창건하였음을
뜻하는 '차사초창주무염국사진영 此寺初刱主無染國師之眞影'이란 영제가 적혀
있다.

낭혜 스님 창건설과 관련해 1729년에 작성된 성주사 대웅전 삼세불상 개
금기에는, 성주사는 신라 헌강왕대에 문성왕과 헌안왕을 모신 무염 대사
가 창건한 터로 성쇠를 거치다가 임진왜란 때 빈터가 되었는데 1682년에
웅신사 스님들이 뜻을 내어 성주사의 옛터를 중흥하였다 此聖住寺者新羅獻康
大王時兩朝無染大師曆銓開基創建之處也 而物盛而衰古來皆然故王裹水蛇之歎居僧四瀆吁其間幾
何年之空址耶 康熙壬戌熊信寺僧謀議發興重建舊址聖住之中興可指日而待也 는 기록이 남아
있다.

창원의 성주사에는 비록 돌에 새긴 낭혜 스님의 행적과 공덕은 전하지 않으나 스님의 자취가 깃든 옛터를 복원하고 진영을 모셔 천 년 전 이 땅에 선문을 연 스님의 가르침道를 따르고 존숭하려는 후손의 마음은 어느 사찰보다 선연鮮然하다.

보조 지눌 <sup>普照知訥</sup>

# '해동불일' 조계종 중천조

巍巍一座大須彌

無限風波不暫

放普光明淸淨日

照先東土破昏迷


드높은 자리는 대수미산으로

끝없는 풍파가 잠시도 아닌데

널리 광명을 놓아 청명한 날

먼저 동토를 비추어 혼미함을 깨웠네.


───

송광사에 모셔진 보조 지눌<sup>普照知訥, 1158~1210</sup> 스님의 진영과 『무의자시집 <sup>無衣子詩集</sup>』에 실린 보조국사<sup>普照國師</sup> 찬이다. 찬을 지은 이는 보조 스님의 제자 진각 혜심<sup>眞覺慧諶, 1178~1234</sup> 스님으로 무의자는 진각 스님의 자호<sup>自號</sup>이다. 스님은 혼란한 세상에서 한줄기 빛과 같은 일깨움을 주신 스승에

**원력수생해동불일보조국사진영**願力受生海東佛日普照國師眞影

1780, 비단, 134.5×77.5, 순천 송광사 국사전, 보물 제1043호

대한 존경과 감사의 마음을 담아 찬을 지어 올렸다.

진각 스님은 나주 출신으로 문장에 재능이 있어 24세에 사마시 司馬試에 합격해 태학에 들었으나 어머니의 병환으로 귀향했다. 그 이듬해 모친이 작고하면서 송광산 길상사에 주석하던 보조 스님에게 출가했다. 진각 스님은 보조 스님으로부터 간화선의 요체를 전수받았으며 스승 이후 법석을 이어받아 수선사의 종풍을 크게 일으켰다.

조계종 중천조 中闡祖인 보조 스님은 어린 나이에 출가해 특정 스승을 두지 않고 수행 정진하면서 『육조단경』, 『화엄신론 華嚴新論』, 『대혜어록』 등을 통해 선교일체와 간화선의 깨달음을 얻었다. 또한 출세와 명리를 좇아 점차 세속화되는 불교를 쇄신하기 위해 거조암과 송광사 전신인 길상사 등지에서 동료 스님과 정혜결사 定慧結社 운동을 전개했다. 길상사는 1205년에 희종이 직접 쓴 '송광산수선사 松廣山修禪社' 어필과 만수가사 滿繡袈裟를 하사할 정도로 보조 스님이 선 禪 도량으로 삼아 정혜쌍수와 돈오점수의 가르침을 펼쳤던 곳이다.

보조 스님과 진각 스님 이후 고봉 법장 高峰法藏, 1350~1428 스님에 이르기까지 송광사에서는 16국사 國師를 배출했다. 임진왜란 이후 송광사를 중창한 부휴의 문중은 태고 보우 太古普愚, 1301~1382 스님에 앞서 선풍을 떨친 보조 스님의 수행정신을 존숭하며 그를 기리는 전통을 이어 갔다. 송광사는 국사전에 보조 스님을 비롯한 16국사의 진영을 모시고, 해마다 종조의 예를 표하며, 세월이 흘러 진영이 낡으면 새로 조성해 승보사찰의 위상을 드높였다. 이에 근세에 활동한 금명 보정 錦溟寶鼎, 1861~1930은 조계종의 선풍을 세운 보조 스님을 기리는 찬을 남기기도 하였다.

보조국사감로탑, 순천 송광사, 전라남도 유형문화재 제256호

해동의 불일로 광명을 펼쳐 조계 육조의 가풍을 크게
떨치고 원돈 법문에 정혜를 겸해 수선사 속에 구산이
통한다.

海東佛日布光明　大闡曹溪六祖風
圓頓法門兼定慧　修禪社裏九山通

나옹 혜근懶翁惠勤

# 만년 전할 삼한 조실

指空千劍平山喝
選擇工夫對御前
最後神光遺舍利
三韓祖室萬年傳

지공의 천개의 검과 평산의 할로
부처를 가리는 공부는 임금을 대했다.
최후의 신비로운 빛인 사리를 남겨
삼한의 조실로 만년에 전하리라.

———

대승사 묘적암에 모셔진 나옹 혜근懶翁惠勤, 1320~1376 스님 진영과 무학 자
초無學自超 스님이 지은 영찬이다. 1393년 9월 무학 스님은 두 선사先師인
지공 스님과 나옹 스님을 위해 승탑 이름과 나옹 스님의 진영을 모시는
불사를 크게 행하였다. 이에 회암사에 세워진 두 스님의 승탑에는 이름

**공민왕사나옹대화상진영**恭愍王師懶翁大和尙眞影
1803, 비단, 125.5×81.5, 문경 대승사 묘적암 인법당, 경상북도 유형문화재 제408호

이 봉해지고, 나옹 스님 진영은 광명사 廣明寺에 모셔졌으며, 무학 스님은 스승의 영찬을 지어 바쳤다. 현재 무학 스님의 찬문이 적힌 나옹 스님 진영은 남아 있지 않으나 이 일화는 『서역중화해동불조원류 西域中華海東佛祖源流』1764에 실려 오늘날까지 전한다.

우리에게 잘 알려져 있듯 나옹 스님은 고려 말 원나라로 유학하여 연경 법원사 法源寺에 머물고 있던 지공 화상에게 가르침을 받고, 강남 정자사 淨慈寺의 평산 처림 平山處林 선사를 만나 임제종의 법을 이어받았다. 이를 무학 스님은 지공의 천검 千劍과 평산의 할 喝이라 찬문으로 승화하였고, 당대의 문장가이자 사상가인 이색 李穡, 1328~1396은 서천의 지공과 절서 浙西의 평산에게 법을 이어받아 종풍을 드날렸다고 평했다.

이처럼 고려 말에 선걸 禪傑로 칭송받았던 나옹 스님은 세상의 명리보다는 수행자의 길을 중시했고, 특히 지공 스님의 섬김이 돈독하여 중국에서 스승의 영골과 사리를 모셔와 회암사에 모시기도 했다. 또한 자찬 自讚에서 '지공 화상을 찾아뵙고 나의 종풍을 잃었다. 돌! 이 무식한 놈아 도리어 대바구니 속에 들어가는구나 見指空 喪亡自宗 這漢 反入羅籠'라며 스승에 미치지 못하는 자신을 꾸짖는 글을 남기기도 했다.

지공 스님을 대하는 나옹 스님의 지극한 마음은 제자인 무학 스님도 그대로 이어받았다. 새로운 왕조가 건국되자 무학 스님은 회암사에 세워진 두 스님의 승탑에 이름을 올리고 나옹 스님의 진영을 조성해 추모의 마음을 드러냈다. 고려 말 조선 초 지공 스님·나옹 스님·무학 스님의 법연은 후대에도 지속되어 회암사, 신륵사만이 아니라 통도사, 선암사, 대곡사에 삼화상 진영을 모셨고, 출가처인 묘적암처럼 인연이 있는 사찰에

서는 단독으로 진영이 제작됐다. 뿐만 아니라 불교의
식문과 송광사 조석예불문에서는 증명證明 법사로
모셔 예를 표하기도 했다.

비록 조선 후기에는 태고 보우 스님의 임제종
정맥이 정립되었으나 무학 스님의 바람대로 나
옹 스님은 삼한의 조실로서 세대를 넘어 존
숭과 추모를 받았다.

보제존자석종, 여주 신륵사, 보물 제228호
신륵사 뒤편에 자리한 나옹 스님의 사리탑.
'보제존자'는 나옹 스님의 법호이다.

서천국조사지공 · 공민왕사나옹 · 태조왕사무학대화상진영, 의성 대곡사

무학 자초無學自超

# 조계의 달

瞳瞳郁日入懷生
慧鑑如輪法慧明
超然道氣曹溪月
千載芳名遺漢陽

찬란한 태양이 들어오는 것을 품고 태어나
혜감 스님이 굴리는 것과 같이 법혜가 밝으니
초연한 도의 기운은 조계의 달이며
천년의 향기로운 이름은 한양을 남겼다.

———

용추사에 모셔진 무학 자초無學自超, 1327~1405 스님 진영과 금명 보정 스님
의 찬송讚頌이다. 무학 스님의 찬송은 1921년에 간행한 『불조록찬송佛祖
錄讚頌』에 수록되어 있다. 이 책에는 서천28조사西天二十八祖師부터 조계종
사曹溪宗師에 이르기까지 인도, 중국, 한국에서 이름을 떨쳤던 스님들의

**태조왕사무학대화상진영** 太祖王師無學大和尙之眞

1781, 삼베, 101.0×80.5, 함양 용추사 수장고, 경상남도 문화재자료 제326호

행적과 찬송이 실려 있다. 특히 이 찬송은 또 하나의 행장이라 할 정도로 스님들의 삶을 노래하고 있다.

금명 스님의 무학 스님 찬송을 1410년 변계량 卞季良, 1396~1430 이 지은 「회암사묘엄존자무학대사비문 檜岩寺妙嚴尊者無學大師碑文」과 비교해 보면, 찬송의 '동동욱일입회생 曈曈旭日 入懷生'은 비문에 기록된 스님의 어머니가, 떠오르는 해가 품안으로 들어오는 꿈을 꾸고 임신한 일을 서술한 것이며, '혜감여륜법혜명 慧鑑如輪法慧明'은 18세에 부처님에게 귀의할 뜻을 품고 혜감 국사 慧鑑國師의 제자인 소지 선사 小止禪師에게 머리를 깎고 구족계 具足戒를 받은 일과 용문산에 가서 혜명 국사 慧明國師에게 가르침을 여쭙고 법을 인가받은 일화가 함의되어 있다. 이어 '초연도기조계월 超然道氣曹溪月'과 '천재방명유한양 千載芳名遺漢陽'은 우리에게도 널리 알려진, 무학 스님이 지공 스님에서 나옹 스님으로 이어지는 법맥을 계승한 일과 태조 이성계를 도와 조선의 도읍지를 물색한 일을 의미한다.

금명 스님이 '조계의 달 曹溪月'이자 '천년의 향기로운 이름'이라 찬탄한 무학 스님은 조선시대에 신륵사, 통도사, 대곡사, 선암사, 은해사, 용추사 등 전국 사찰에 진영으로 모셔져 존숭을 받았다.

무학 스님의 진영은 지공·나옹 스님과 나란히 함께 제작되는 경우가 대부분이나 은해사와 용추사처럼 단독으로 제작되기도 한다. 이 중 용추사 진영은 1781년에 기존 사중에 모셔진 진영을 다시 제작한 것으로 이때 청허 스님과 사명 스님의 진영도 함께 중수됐다.

무학 스님과 청허 스님이 한 사찰에 모셔진 인연이 무엇인지 알 수 없으나 변계량의 비문과 금명 스님의 찬송이 맞닿듯 1394년 무학 스님이 「불조종파지도佛祖宗派之圖」에 지공 스님과 나옹 스님을 실어 임제종의 법맥을 수립한 일과 1688년 청허 스님 3세손 월저 도안月渚道安이 「불조종파지도」에 청허 스님의 법맥을 추가 기록해 조선 전기부터 계승된 선종의 법맥을 새롭게 정립하고자 하는 숨은 인연이 맞닿아 있을 것이다.

벽송 지엄 碧松智儼
# 어두웠던 불교 밝힌 등불

震旦之皮 天竺之骨
華月夷風 如動生髮
昏衢一燭 法海孤舟
嗚乎 不泯萬崴千秋

진단의 피부이며 천축의 골수이자
중국의 달과 동이의 바람이다. 살아 있는 듯 머리털이 자라고
어둠을 비추는 등불로 법의 바다에 외로운 배로
아아, 천년만세에 남아 있게 하시었네.

---

법손法孫 청허 휴정 淸虛休靜이 벽송 지엄 碧松智儼, 1464~1534 스님에게 올린
영찬이다. 조선 전기에 활동한 벽송 스님은 부용 영관 芙蓉靈觀과 경성 일
선 敬聖一禪, 1488~1568을 배출해 불교의 전통이 서산 휴정, 부휴 선수에게
이어지도록 하였다. 뿐만 아니라 벽계 정심 碧溪淨心에게 '서래밀지 西來密旨,

**전불심인임제종태고하오세벽송당지엄진영**傳佛心印臨濟宗太古下五世碧松堂智儼之眞
조선 후기, 비단, 124.0×75.5, 합천 해인사성보박물관, 경상남도 유형문화재 제316호

달마가 서쪽에서 온 뜻'를 전수받음으로써, 고려 말 태고 보우로부터 환암 혼수幻菴混修, 1320~1392와 구곡 각운龜谷覺雲 이후 면면히 이어지던 선맥을 다시 일으켰다. 이처럼 불교가 어려움을 겪던 시절에 달마의 선풍과 임제종의 법통을 일으켜 후대에 전수한 벽송 스님에 대한 존경의 마음은 청허 스님의 찬문에 고스란히 담겨 있다.

청허 스님은 생전 벽송 스님만이 아니라 스승인 부용 스님과 경성 스님의 행적을 정리하고 진찬眞讚을 지어 『삼로행적三老行蹟』을 간행했다. 이후 청허 스님의 제자 종봉鐘峰 스님이 이를 『청허당집』에 그대로 수록해 청허의 후손이면 누구나 세 스님의 공덕을 영원히 새기도록 했다. 이러한 청허 스님과 후손의 마음가짐은 벽송사의 벽송 스님 진영에 오롯이 드러난다. 의자에 앉아 있는 벽송 스님을 그린 이 진영은 오래전부터 사찰에 모신 진영이 낡자 19세기 전반에 새로 조성한 것이다. 새 비단 위에 섬세한 필치로 위용을 드러내는 벽송 스님의 형상과 반듯한 서체로 또렷해지는 청허 스님의 찬문을 보면서 후손들은 자신들의 마음을 담아 '천순갑신1464 3월 15일 부안 송씨로 출생하여 가정갑오1534 11월 1일에 단좌 입적했다天順甲申三月十五日出生 扶安宋氏 嘉靖甲午十一月一日辰時端坐入寂'는 짤막한 벽송 스님의 행적을 화면에 추기해 대대로 이어지는 벽송 스님을 향한 존경의 마음을 표현했다.

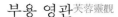

부용 영관芙蓉靈觀
# 수많은 지리산 선객 배출

高踞覺地　先引三車
張羅八海　撈摝群魚
金搥擊碎　虎穴魔宮
人亡世寂　月落天空

높은 깨달음의 자리에 걸터앉아 먼저 세 수레를 이끌어
팔해에 그물을 펼치고 많은 고기를 끌어올리더니
금방망이로 호랑이 굴과 마군의 궁전을 쳐 깨트리니
사람 없는 세상은 고요하고 달이 진 하늘은 비었다.

───

청허 스님의 『삼로행적』에 실린 부용 영관芙蓉靈觀, 1485~1571 스님의 진찬
이다. 청허 스님은 1577년 금강산에서 부용 스님의 행장을 정리하면서
스님이 입적한 후 연곡사 서편에 승탑을 세우고 지었던 영찬을 행장에
남겼다. 청허 스님의 찬문이 적힌 부용 스님의 진영은 현재 전하지 않지

**부용당대선사진영**芙蓉堂大禪師眞影

조선 후기, 비단, 108.5×63.0, 고창 선운사박물관만 다행히 선운사에 조선 후기에 제작된 진영이 있어 두 스님간의 인연과 그 자취를 살펴볼 수 있다.

청허 스님은 출가 전인 15세에 진사시에 응시했다 낙제하고 지리산을 유람하던 중 숭인崇仁 스님의 소개로 벽송사의 부용 스님을 만나게 됐다. 이후 벗들은 모두 상경했으나 홀로 남아 행자 생활을 하였고, 육 년이 되던 해 스스로 머리를 깎고 경성 스님을 수계사受戒師, 부용 스님을 전법사傳法師, 숭인 스님을 양육사養育師로 모시고 득도식을 올렸다. 숭인 스님을 비롯해 경성 스님과 부용 스님은 모두 벽송 스님의 제자로 이들을 통해 청허 스님은 벽계 정심에서 벽송 지엄, 그리고 부용 영관으로 이어지는 조선 중기의 불교계의 정맥을 계승했다.

부용 스님은 13세에 출가해 신총信聰 스님에게 교학을 배우고, 위봉威鳳 스님에게 선禪의 요체를 참구하였으며, 덕유산과 금강산에서 각각 구 년 동안 두문불출하며 묵언 수행했다. 이처럼 20년에 걸친 정진에도 풀리지 않던 의문은 지리산 벽송사의 벽송 스님을 참배하며 비로소 해결되었고, 이를 계기로 벽송 스님을 참스승으로 모셨다.

16세기 전반 벽송 스님에 이어 부용 스님이 지리산에 주석하면서 선풍禪風이 크게 진작되었고 배우는 이들이 넘쳐났다. 이 시기 청허 스님은 비록 행자의 몸이었으나 경전 탐구와 참선에 매진하였고, 부용 스님은 청허 스님의 수행에 막힘이 있으면 시의적절한 가르침을 펼쳐 불도佛道로 인도했다.

청허 스님의 찬문에는 자신이 입문할 당시 부용 스님이 보인 드높은 법력法力이 담겨 있으며 또한 스승을 잃은 상심어린 제자의 마음이 녹아 있다. 세월이 흘러 선운사의 후손들은 이런 마음을 가늠한 듯 청허 스님 진 영만이 아니라 부용 스님 진영도 함께 모셔 하늘에 달이 언제나 존재하 기를 기원했다.

청허 휴정 淸虛休靜

# 존중받는 불교 근간 마련

松雲於師

留侯黃石

顯績陰敎

一體千億想像

一燈長明之下

講授徒弟

無乃是君臣大義

不然

宗國危亂之秋

紛釋難

何能使成就如彼


사명 송운의 스승으로

장량과 황석공의 관계이다.

드러난 업적과 숨은 가르침은

일체의 모든 기억을 생각하게 한다.

**사선호등계자가사부종수교청허당대선사진영**賜禪號登階紫袈裟扶宗樹教淸虛堂大禪師之眞

조선 후기, 비단, 122.4×80.0, 양산 통도사 영각, 경상남도 유형문화재 제450-1호

한 등불의 밝음 아래

강의를 받은 제자가

군신의 대의만 못하겠는가?

그렇지 않은가?

나라의 위기가 가을 낙엽 같을 때

어지러운 것을 풀고 어려운 것을 이해하게 함이

어찌 이와 같이 할 수 있겠는가!

---

통도사에 모셔진 청허 휴정 淸虛休靜, 1520~1604 스님 진영에 적혀 있는 조명겸 趙明謙, 1687~미상의 영찬이다. 영조 때 문신으로 활동한 조명겸은 늦은 나이에 조정에 출사하여 정언 正言, 지평 持平, 교리 校理 등을 거쳐 대사간 大司諫, 병조참판, 지의금부사 知義禁府事를 역임했으며 외직으로 경주부윤, 강원도관찰사로 지냈다.

조명겸이 청허 스님을 위해 찬문을 지은 시기는 그가 경주부윤 慶州府尹으로 지냈던 1739년경으로 추정된다. 이 시기 경주와 인접한 밀양 표충사에서는 사명 스님의 업적을 기리기 위한 추모 불사가 한창이었으며, 이 중 가장 비중 있는 활동이 바로 당대 명사들로부터 사명 스님의 업적을 기리는 시문을 받는 일이었다. 경주부윤 조명겸 역시 기미년인 1739년 정월에 시를 지어 표충사의 태허 남붕 太虛南鵬, 미상~1777 스님에게 보냈고, 이 글은 현재 『표충사제영록 表忠寺題詠錄』에 수록되어 전한다.

18세기 전반 영남에 무르익던 사명 스님의 추모 사업은 사명 스님의 스승인 서산 스님을 함께 기리고 칭송하는 일로 확산되었다. 당시의 이러한 분위기가 반영된 듯 조명겸이 지은 서산 스님 영찬에는 사명 스님의 스승인 서산 스님을 강조하면서 혼란의 시기에 나라를 구했던 사명 스님의 활동이 모두 서산 스님의 가르침에서 비롯되었다는 내용이 실려 있다.

이처럼 조선 후기에는 전란 당시 구국 활동을 펼친 서산·사명·기허 스님을 기리는 사액사원인 대흥사, 표충사, 수충사 등이 전국에 세워졌고, 특히 영남에서는 사명문중이 세거한 통도사, 은해사, 보경사, 용문사, 광흥사에서 서산 스님과 사명 스님의 진영을 나란히 모셔 선사先師의 예를 표하고 사회로부터 불교가 존중받을 수 있는 근간을 마련한 스님들께 감사를 표하였다.

부휴 선수 浮休善修

# 동방을 벗어나 덕을 우러르다

浮道高一世
四象欽道
德重一國
八方仰德
東方之拆
牪高會者

부휴의 도는 세상에서 가장 높아
세상의 온 이치 四象 가 그 도를 흠모하고
덕은 한 나라가 존중하여
팔방에서 덕을 우러르니
동방을 벗어남이요
넓고 높은 만남이다.

**종교대선사부휴당선수진영** 宗敎大禪師浮休堂善修之眞影

조선 후기, 비단, 122.3×85.0, 합천 해인사성보박물관

부휴 선수浮休善修, 1543~1615 의 9세손인 해붕 전령海鵬展翎 스님이 존경을 담아 올린 경찬敬讚 이다. 해붕 스님은 뛰어난 문장으로 19세기 전반 백곡 처능·무용 수연 스님과 더불어 '승가의 문장가'라 불렸으며, 호남의 사대부와 더불어 학문과 풍류를 아는 호남칠고붕湖南七高朋의 한 분으로 손꼽혔다. 이러한 해붕 스님의 문장은 현재 『해붕집海鵬集』을 통해 일부 전해지며, 부휴 스님에게 올린 경찬은 이 책에 수록되어 있다.

부휴 스님은 서산 스님과 함께 불교사에 위대한 업적을 남긴 분이다. 스님은 어린 나이에 지리산의 신명信明 장로에게 출가하여 부용 영관 스님에게 심요를 얻어 벽계 정심에서 벽송 지엄으로 이어지는 조선 전기의 법맥을 계승했다. 또한 칠 년 동안 재상宰相 노수신盧守愼, 1515~1590 에게 책을 빌려 읽을 정도로 내전만이 아니라 외전에도 두루 밝았다. 한편 임진왜란과 병자호란의 소용돌이 속에서도 승풍僧風을 잃지 않고 수행을 지속하며 벽암 각성과 같은 걸출한 제자를 길러내면서 동문同門 서산 스님에 버금가는 승려 문중을 이루었다.

부휴 스님은 1614년 칠불암에서 '70여 년을 허깨비 바다에 놀다가 오늘 아침에야 껍질을 벗고 처음으로 돌아왔다. 확실히 진성은 원래 걸림이 없으니 어찌 보리와 생사의 뿌리가 있으리七十餘年遊幻海 今朝脫殼反初原 廓然眞性元無碍 那有菩提生死根'라는 게송을 남기고 입적했다. 이후 스님을 추모하기 위해 스님의 영골을 모신 승탑이 해인사, 송광사, 칠불암, 백흥암에 세워졌다. 이 사찰들에는 승탑과 함께 진영도 모셔졌겠으나 안타깝게도 현재 해인사에만 유일하게 진영이 전한다.

해인사 진영 속 부휴 스님은 기록에 전하는 '배가 부르고 키가 크며 눈썹이 길고 볼이 두껍다'는 묘사대로 골격이 크고 후덕한 인상을 하고 있으며, 이 같은 스님의 풍모는 도와 덕이 사상四象과 팔방의 흠모와 존중을 받았다는 해붕 스님의 찬탄과도 맞닿아 있다.

부휴당탑, 합천 해인사 국일암

사명 유정 四溟惟政

# 어찌 그리 용맹할까

瓶錫空山索然
若枯木死灰何其靜也
一日杖釖而起
斫賊如麻何其勇也
吾不信
佛氏之有體而無用也

물병과 석장뿐인 빈산의 고요함은
고목이 죽어 재가 된 듯 어찌 그리 고요한가?
하룻날에 큰 칼을 들고 일어나
적 무찌르기를 삼을 베듯 하였으니 어찌 그리 용감한가?
나는 믿지 못하겠네.
불교에는 체體만 있고 용用이 없다고 하는 것을.

**대광보국숭록대부홍제존자사명당대선사진영** 大匡輔國崇祿大夫弘濟尊者泗溟堂大禪師之眞

조선 후기, 비단, 122.5×80.0, 양산 통도사성보박물관, 경상남도 유형문화재 제450-2호

통도사에 모셔진 사명 유정 四溟惟政, 1544~1610 스님의 진영과 풍원군 豊原君 조현명 趙顯命, 1690~1752 의 영찬이다. 조현명은 영조시대에 탕평파를 이끈 거두로서 전라도관찰사로부터 이조·예조·공조판서를 비롯해 우의정, 영의정 등의 요직을 두루 역임했다. 통도사 사명 스님 진영에 적힌 '풍원군'은 조현명이 1728년에 일어난 이인좌의 난 李麟佐亂 을 진압하기 위해 스스로 종사관으로 나서 공을 세운 후 받은 봉작이다. 따라서 이 영찬은 그가 풍원군에 봉해진 1728년 7월 이후에 지은 것이다.

영찬을 지을 당시 조현명은 자신의 행적이 이입된 듯 출가자로서의 투철한 수행이나 사상보다는 전란으로 위기에 처한 나라를 위해 분연히 일어나 전장을 호령했던 사명 스님의 용맹함을 찬탄하는 글을 지었다. 조현명은 사명 스님 영찬 외에도 영의정 시절인 1750년에 회암 정혜 晦庵定慧, 1685~1741 스님의 영찬을 짓는 등 불교에 우호적인 입장을 유지하였고, 두 스님의 영찬은 이후 조현명이 직접 편찬한 자신의 시문집인 『귀록집 歸鹿集』 1750 에 수록되기도 했다.

사명 스님과 조현명의 인연은 영찬 이후에도 이어져 이조판서 시절인 1735~1736년에는 사명 스님의 업적을 기리는 시를 짓기도 했다. 이 시기 불교계에서는 사명 스님의 5세손인 태허 남붕을 중심으로 밀양 표충사를 중건하고, 사명 스님의 유고집인 『분충서난록 奮忠紓難錄』 1739 을 간행하며, 표충사송운대사영당비 1742 를 세우는 등 사명 스님을 추모하는 불사가 활발하게 진행됐다. 이에 발맞춰 남붕 스님은 조현명을 비롯한 사대부 168명의 시문을 받아 1739년에 『표충사제영록』을 간행하기도 했다.

이처럼 18세기 전반, 사명 스님의 후손들은 통도사에 새로 영정을 모시고 표충사를 중건하면서 불교계만이 아니라 사회 지도 인사들이 모두 스님의 업적을 기억하도록 했다.

소요 태능 逍遙太能

# 그림자 없는 나무

臨參屈晌　由海而東　七傳玄焰　西山有翁
寔繁龍象　法海冲瀜　我師妙悟　拔乎其業
寶月秋水　清明在躬　有緣此土　慈雨湷濛
無影古樹　慧柯光榮　俄告潛輝　三籍颼颼
於千萬稷　像塔惟崇　小子獻文　政媿倥侗

참구하는 법이 바다 건너 동쪽으로 일곱 번 전하여 빛나니 서산 스님이시다. 이 많은 용상이 법해에 가득하나 우리 스님의 묘한 깨달음은 그중에서 빼어났다. 가을 물에 밝은 달로 맑고 밝음이 스스로에게 있어 인연 있는 국토에 자비의 비로 내려 가득하고 그림자 없는 고목은 혜가의 광영이요 감춰둔 빛이라 말하겠다. 유·불·도가 그렇다 이야기하고 천만 직책이 진영과 승탑을 숭상한다. 소자가 바치는 글이 괴이하고 무지몽매합니다.

**소요당대화상진영** 逍遙堂大和尙眞影
조선 후기, 비단, 144.7×116.5, 소재 미상

선암사에 모셔졌던 소요 태능逍遙太能, 1562~1649 선사의 진영에 실린 예운 혜근猊雲惠勤, 19세기 말~20세기 전반 활동의 영찬이다. 예운 스님은 선암사에서 경붕 익운景鵬益運, 1836~1915에게 가르침을 받았으며, 내외전에 조예가 깊고 문장이 뛰어나 「육조정상탑 방광론」를 비롯해 「청암사사적기」1914 , 「침명당행장」1914 등의 글을 남겼다. 특히 소요 스님의 11세손으로서 선암사 대각암에 머물며 「소요대선사행장」을 정리하기도 했다.

예운 스님의 영찬에는 소요 스님의 행장이 고스란히 녹아 있다. 13세에 출가한 소요 스님은 부휴 선수浮休善修로부터 경률을 익힌 후 서산 휴정西山休靜에게 가르침을 받아 법제자가 됐다. 영찬에 '칠전현염七傳玄焰 서산 유옹西山有翁', '아사묘오我師妙悟 발호기업拔乎其業'은 보우 스님의 7세손인 서산 스님, 서산 스님의 많은 제자 가운데 단연 뛰어난 자질을 보인 소요 스님을 뜻한다.

'무영고수無影古樹'는 서산 스님이 소요 스님에게 내린 '그림자 없는 나무를 베워 와서 물 위의 거품에 다 살라 버린다'는 법게法揭의 일부이다. 언어 모순이 가득한 이 화두話頭는 스님이 20년 동안 여러 선지식을 찾아 법을 구하였지만 결국 서산 스님께 돌아와 그 해답을 얻었다는 일화와 함께 소요 스님의 수행 과정과 깨달음을 상징한다. 소요 스님의 삶과 사상이 담겨 있는 진영은 안타깝게도 현재 도난되어 그 모습을 볼 수 없다.

벽암 각성 <sup>碧巖覺性</sup>

# 감로법으로 천상 인간 교화

虎而能及其號乎· 毛而已
人而能及其衷乎· 面而已
今碧巖尊者之影
能其聲德乎衣帶而已
愚之詞
亦曷盡其尊者
在世遍灑甘露法雨
於無限天人之化乎
難矣· 筆路斯塞而已

범의 포효하는 모습을 그리고자 하나 범털에 미칠 뿐이며
사람의 마음을 표현하고자 하나 얼굴에 미칠 뿐이다.
지금의 벽암 존자의 진영은
그의 성덕을 그리려 했으나 의대일 뿐이다.
어리석은 찬사로
어떻게 존자를 다할 수 있으리.

**사국일도대선사벽암존자진영**賜國一都大禪師碧巖尊者之眞相

1780, 비단, 122.5×83.0, 합천 해인사 국일암 벽암당, 경상남도 유형문화재 제487호

세상에 계실 적에는 감로의 법우를 두루 뿌리시어
한없는 천상 인간을 교화하셨다.
어려워라! 글로써 말하는 것은 옹색할 뿐이다.

———

해봉 유기 海峯有機, 1707~1785 스님이 벽암 각성 碧巖覺性, 1575~1660 선사에게
올린 영찬으로 『호은집 好隱集』에 수록되어 있다. 해봉 스님이 올린 찬문
의 주인공인 벽암 스님 진영은 현재 해인사 국일암 國一庵의 벽암당 碧巖堂
에 모셔져 있다. 진영 뒷면에는 정조가 즉위한 지 네 번째 해인 경자, 즉
1780년 12월 1일에서 10일 사이 진영을 제작하여 국일암에 모신다 聖上四
年庚子季冬上浣日繪成于國一菴室中는 내용과 별좌 정관 政寬과 화승 유홍 有洪이
기록되어 있다. 진영을 그린 유홍은 일찍이 1770년에 임평 任平을 수화승
으로 모시고 해인사 퇴설당 신중도를 제작한 화승이다.
『호은집』에는 벽암 스님 영찬과 더불어 벽암 스님 진영을 봉안하는 감실
수리에 관한 영감기 靈龕記가 실려 있다. 영감기에 의하면, 암자 이름이 국
일 國一인 것은 임금이 벽암 스님에게 하사한 시호 '국일도대선사 國一都大禪
師'에서 비롯된 것이며, 진영을 봉안한 것은 벽암 스님이 이곳에서 오래
머물렀기 때문이라 한다. 세월이 지나 스님의 진영을 모신 국일암의 영
감이 퇴락하자 벽암 스님의 5세손인 운파 雲波 스님이 옛 감실을 철거하
고 암자에서 열 발짝 앞으로 내어 영감을 지어 진영을 새로 제작해 옮겼
다고 한다. 오늘날 국일암을 보면 실제 인법당 왼편이 앞으로 튀어나와

있으며 벽암당이란 별도의 공간에 1780년에 조성된 벽암 진영이 모셔져 있다.

운파 스님은 국일암의 영감을 수리하고 새로운 진영을 모신 후에 진영에 영찬이 없음이 안타까웠는지 우선愚 스님과 함께 어느 날 저녁 해봉 스님을 찾아가 영찬을 청했다. 이에 해봉 스님은 어떤 뛰어난 그림도 형상에 불과하듯 자신의 어떤 찬사도 벽암 스님을 묘사할 수 없음을 안타까워하며 찬문을 마무리했다.

벽암당탑, 합천 해인사 국일암

송파 각민 松坡覺敏

# 사명 스님을 계승하다

氣采食 困束則眠
眉毫白 頂珠圓
本來無一物
月滿空潭 雲在天

나물 캐서 먹고 피곤하면 잔다.
눈썹은 희고 이마는 둥글다.
본래 한 물건도 없는 것,
달은 빈 연못에 가득하고 구름은 하늘에 있다.

---

직지사에 모셔진 송파 각민 松坡覺敏, 1596~1675 선사 진영에 실린 운가 雲稼
심기택 沈琦澤, 1826~미상 의 영찬이다. 심기택은 「석씨선교원류서 釋氏禪敎源流
敍」,「불경내력 佛經來歷」을 쓸 정도로 불교에 조예가 깊었고, 여러 스님의
진영에 찬문을 지을 정도로 불교에 호의적이었다.

**송파당대선진영** 松坡堂大禪真影
조선 후기, 비단, 114.8×82.9, 김천 직지사 직지성보박물관

송파 스님은 치악산 각림사覺林寺에서 한계 스님을 은사로 출가하여 호구 계주虎丘戒珠 · 벽암 각성 · 임성 충언任性冲彦 · 송월 응상松月應祥, 1572~1645 스님들에게 가르침을 받았다. 스님은 내전內典과 외전外典에 해박했으며, 유 · 불 · 도를 깊이 연구해 『해의解疑』를 저술하기도 했다.

정관 일선靜觀一禪, 1533~1608, 임성 충언과의 법연이 언급되지만 송파 스님 의 문도는 1676년 용연사에 승탑과 탑비를 세우면서 스님이 사명 유정의 법손이자 송월 응상의 제자임을 대외적으로 표명했다.

송파 스님 진영이 모셔진 직지사는 사명 스님이 출가한 사찰이자 주지를 역임했던 곳이다. 18세기 후반에 작성된 직지사의 사적기에는 당시 직지 사에 사명 스님과 호구 스님의 승탑과 더불어 송파 스님의 진영이 모셔 져 있다고 전한다. 18세기 이후 사명문중이 쇠락하면서 직지사에서는 사 명 스님을 제외하고 그의 후손들은 점차 잊혀 갔다.

현전하는 송파 스님 진영은 19세기 후반에 새로 그린 것이다. 진영을 중 수하면서 송파 스님의 영찬은 당시 금산金山, 현 김천 군수였던 심기택에게 받은 것으로 추정된다. 다만 송파 스님의 삶과 사상이 제대로 전달되지 못한 듯 찬문에는 스님의 요체가 담겨 있진 않다.

# 벽관 수행 일가 이루다

天眷有東　佛日晦塞
挺生異人　光紹厥卿
壁觀一宗　蔚然峛屴
遺像儀儼　百世矜式
風淸月琅　庭艸蘬蘬

하늘의 보살핌이 해동에 있었으나 불일이 어둡고 막혔다.
비범한 인물이 태어나 빛이 높이 솟고
벽관 수행으로 일가를 이루어 번성하게 하니
남겨진 모습의 의연함은 백세의 시작이다.
맑은 바람 아름다운 달 정원에 우거진 향기로운 풀.

순천 선암사에 모셔졌던 침굉 현변 枕肱懸辯, 1616~1684 선사 진영에 실린 예운 혜근의 영찬이다. 예운 스님이 영찬을 쓴 시기인 흑룡 黑龍 은 1892년

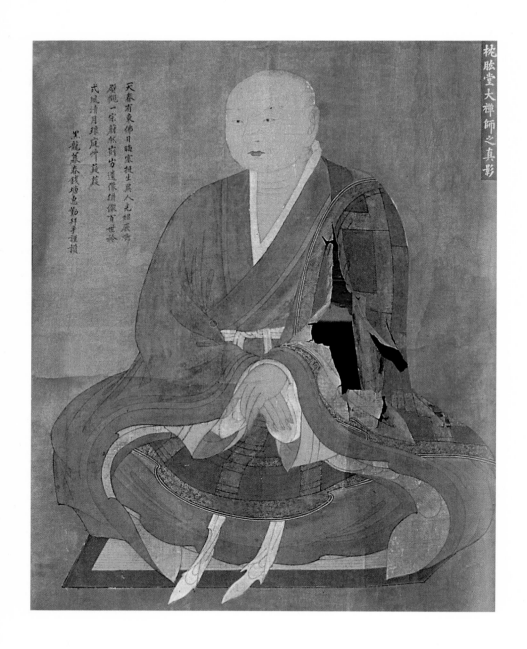

**침굉당대선사진영** 枕肱堂大禪師之眞影

조선 후기, 비단, 144.7×116.5, 소재 미상

임진년으로 생각된다. 이때 예운 스님은 선암사 영각에 모셔진 진영 중 도선 국사부터 대각 의천, 소요 태능, 침굉 현변, 호암 약휴 등 여러 선사들의 찬문을 지었다.

침굉 스님은 어릴 때 불가를 일으킬 인물이란 점괘를 받았으며 은사인 보광 스님은 그를 부처님이 보내 준 인물이라 감탄했다. 13세에 소요 스님에게 그 법기를 인정받아 서산 휴정에서 소요 태능으로 이어지는 법맥을 계승했다. 18세에 죽을 고비를 넘긴 후 '마음이 곧 부처 心卽佛'임을 깨닫고 일심 一心을 주인으로 삼아 도를 크게 이루었다. 비범한 인물이 탄생하여 동방의 불교를 일으키고, 달마의 면벽 수행처럼 벽관 수행으로 일가를 이루었다는 예운 스님의 찬문 내용은 침굉 스님의 이러한 삶과 무관하지 않다. 침굉 스님은 많은 제자들을 배출하여 조선 후기 동안 소요 문중이 주요 문중으로 활동하는 데 토대를 마련했다.

스님은 입적 후 시신을 들판에 버려 동물에게 보시하라는 유계 遺戒를 남겼다. 제자들은 유훈에 따라 다비하지 않는 대신 시신을 금화산 바위틈에 봉했다 한다. 이후 제자 계음 호연 楔蔭浩然, 호암 약휴 護巖若休 등은 선암사에 주석하면서 1696년에 스님의 유고를 모아 『침굉집 枕肱集』을 간행해 스님을 추모했다. 유고집이 간행될 즈음 선암사에는 침굉 스님의 승탑이 세워지고 진영이 봉안되었을 것이다. 온화한 성품과 흐르는 물과 같은 자태를 지닌 스승을 그리워하며 제자들이 조성했던 침굉 스님의 진영은 현재 선암사를 떠나 더 이상 그 모습을 볼 수 없다.

백월 학섬白月學暹
# 호구산 용문사를 열다

唯師開基
德高行尊
團團白月
永照龍門

우리 스님이 터를 여시니
덕이 높고 행이 존엄하네.
둥글고 둥근 밝은 달이여
영원히 용문을 비추네.

---

남해 용문사에 모셔진 백월 학섬白月學暹, 17세기 후반 활동 선사 진영에 실린
진해 경상震海敬祥, 1899~1938 활동 스님의 영찬이다. 백월 스님은 1660년에
금산錦山에 있던 보광사普光寺를 호구산虎丘山 남쪽에 옮겨 용문사로 새로
개창했다. 스님은 여러 선객들과 함께 승당과 선당을 세운 후 1661년에

**개기창건주백월당진영**開基創建主白月堂眞影

조선 후기, 비단, 104.8×72.2, 남해 용문사 주지실, 경상남도 문화재자료 제412-2호

대웅전을 창건하고, 연이어 봉서루, 나한전, 명부전을 세워 가람의 기틀을 다졌다. 진영에는 스님의 이러한 업적을 기리는 '개기창건주백월당진영開基創建主白月堂眞影'이란 영제가 적혀 있다. 현전하는 스님의 진영은 20세기 초 새로 조성한 것이며 찬문 또한 이 시기에 지어진 것이다.

찬자인 진해 스님은 20세기 초에 활동한 진해 동진震海東鎭 스님과 동일인이다. 진해 스님은 동진이란 법명으로 『율봉문보栗峰門普』1913에 기록되어 있으며, 영찬에도 자신을 율봉후인栗峰后人이라 소개했다. 진해 스님은 남해보다는 통영과 합천에서 주로 활동했다. 남해 용문사와의 인연은 은사인 호은 문성을 통해 이어진다.

호은 스님은 1895년부터 용문사 전각 중수와 불화 조성, 불량계 활동을 펼쳤으며 창건 이래 미증유未曾有의 대공덕주로 칭송받았다. 또한 1900년에 보리암 승당을 중건하고, 승당 안에 영당을 마련해 삼화상三和尙과 십삼인도인十三人道人 진영을 봉안했다. 보리암에 모셔졌던 삼화상과 십삼인도인 진영은 현재 용문사로 이운되어 있다.

기록에는 전하지 않지만 보리암에 봉안할 선사들의 진영을 제작할 즈음 호은 스님은 용문사를 중창한 백월 스님의 진영을 제작하고, 제자인 진해 스님에게 영찬을 부탁한 것으로 보인다. 이에 진해 스님은 용문사의 기틀을 마련해 후손들이 세대를 이어 공덕을 쌓을 수 있도록 덕을 베푼 백월 스님에게 예경을 담은 마음을 찬으로 남겼다.

# 자비 구름 널리 편 화엄강백

咄這老和尙
曠刧結緣大
坐斷海東四十年
到處自成折床會
慈雲徧布
慧澤滂霈
眞可謂刹海章程法門
著蔡如何末後
擔得須彌渡大海
金山大會作話欛
笑看八風括地號
誰道從來償宿債

돌! 저 노화상은
광겁에 맺은 인연이 크다.
앉아서 해동 사십 년을 끊고

**환성당대화상진영**喚惺堂大和尚眞
1799, 비단, 121.8×88.4, 양산 통도사성보박물관, 경상남도 유형문화재 제450-3호

이르는 곳마다 스스로 절상회를 이루었다.
자비의 구름을 널리 펴고
지혜의 연못에 폭우를 내렸다.
진실로 찰해의 장정법문으로 옳은데
끝을 어떻게 이야기할까?
수미산을 짊어지고 대해를 건너면
금산대회에서는 이야깃거리가 되고
웃으며 팔풍 괄지호를 보면서
누가 끝내 묵은 빚을 갚았다 말하리오.

―――

환성 지안喚醒志安, 1664~1729 스님의 3세손인 연담 유일蓮潭有一, 1720~1799 스님이 지은 영찬이다. 환성 스님은 서산 휴정의 4세손으로 편양 언기 – 풍담 의심 – 월담 설제의 법맥을 이었으며, 연담 스님은 환성 스님의 여러 제자 가운데 호암 체정의 법을 계승했다.

환성 스님은 1690년 직지사에서 모운 진언暮雲震言이 개설한 화엄법회의 강석을 물려받을 정도로 교학에 뛰어났으며, 1725년 금산사 화엄법회에서는 1,400여 명이 운집할 정도로 화엄학의 대가로 이름이 높다.

환성문중이 호남을 비롯해 호서·영남 등지에서 교학과 강맥을 상징하는 문중으로 성장하게 된 배경에는 연담 스님의 역할이 무엇보다 컸다.

연담 스님은 문중의 숙부인 함월 스님의 부촉을 받아 1762년 대흥사에 환성 스님의 비를 건립하면서, 스승인 호암 스님의 비도 함께 세워 자신의 문중의 위상과 정통성을 대외적으로 드러냈다. 이처럼 누구보다 환성 스님을 잘 알고 있던 연담 스님은 찬문을 통해 수많은 절상회와 찰해법문으로 교화를 펼쳤던 환성 스님의 공덕을 찬탄하면서 이를 보답하지 못하는 후손의 안타까운 마음을 표현했다. 비록 연담 스님의 영찬이 적힌 환성 스님의 진영은 전하지 않지만 선사의 공덕을 기리고 그 명성이 영속되기를 바라는 후손의 마음은 통도사에 모셔진 환성 스님 진영에 고스란히 드러나 있다.

1799년에 영월 우징影月禹澄 스님 주관 아래 화승 옥인玉仁 스님이 조성한 통도사 환성 스님 진영의 뒷면에는 '환성삼대의 진영을 사대후손이 열어 천년 동안 안위하여 법손에게 영원토록 이어지게 하네喚惺三代影 四代後孫開 安位千載下 法孫濟濟來'란 짧막한 찬문이 적혀 있다. 진영에 적힌 찬문 내용대로 통도사에는 환성, 호암, 용파 3대로 이어지는 진영이 모셔졌으며, 20세기 전반까지 환성문중에서 통도사 주지가 선출될 정도 번성을 누렸다.

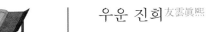

# '서천 정맥', 통도사 근간을 마련하다

法門標準  軌度寬豁
心懷大道  手秉靈鍔
潮海閃電  晴天迅爍
振五宗綱  碎三關鑰
原有其係  西天正絡
彷彿七分  格思斯侘

법문은 표준이며 법도는 너그러워
마음에 대도를 품었고 손에는 신비한 검을 잡았네.
물결치는 바다의 섬광 맑은 하늘에 벽력
오종의 근본 뜻을 떨치고 세 가지 관문을 부수네.
원래 그런 계보가 있으니 서천의 정맥이다.
닮은 진영의 품격과 사상이 이러하다.

**선교양종우운당대선사진영**禪敎兩宗友雲堂大禪師之眞

1881, 비단, 122.7×80.4, 양산 통도사 영각, 경상남도 유형문화재 제450-4호

통도사 소장 우운 진희友雲眞熙, 1652~1694 활동 선사 진영에 실린 호운 도언瀞雲度彦, 19세기 중엽 활동의 영찬이다. 호운 스님은 화봉 유철華峯有喆의 제자로 통도사 취운암에서 스승을 모시면서 화봉 스님이 1843년 통도사 영자전을 중창할 때에 힘을 더했다. 영자전 중창 이후 선사先師의 낡은 진영들은 차례로 새로 제작되었고, 이 과정 중 호운 스님은 우운 스님 진영에 찬문을 남겼다.

우운 스님은 소요 태능의 손상좌이자 계월 학눌桂月學訥의 제자이다. 스님은 17세기 후반 통도사 대웅전을 중창하고 금강계단 수리를 마무리하는 등 전란에 훼손된 가람 복구를 주도하였다. 1694년 통도사에 스님의 정골頂骨을 모신 승탑이 세워졌고, 사리는 용천사, 범어사, 적천사 등 영남의 아홉 개 사찰에 나누어 모셔졌다.

18세기 이후 소요문중은 통도사에서 쇠락하였지만 우운 스님은 중창주로서 타 문중에서 높이 받들어졌다. 이런 이유로 호운 스님은 설송 연초의 후손임에도 불구하고 통도사의 근간을 마련한 우운 스님께 존경을 담아 선사로서의 위상을 찬탄하는 영찬을 지었다.

진영 속 우운 스님은 장염주를 쥐고 주장자를 쥔 채 결가부좌하고 있다. 자세히 보면 스님은 의자와 방석 위에 앉아 있는데, 이 어색한 조합은 새로 진영을 제작하면서 의자에 앉아 있던 옛 모습을 결가부좌로 변형하면서 생긴 결과이다.

호암 약휴護巖若休

# 선암사 수호자

宣廟龍蛇　騃舌亂鳴
宗祐杌陧　禪乘喬亢虛亢
艸鞠寶田　雨泣怔魁
靈嶽嵬岩　瑞靄縹緲
爰降此人　琅璆精鏷
器宏局遠　制度理料
胠緝圓通　五十其廟
金粟珠毫　鼇神究妙
接武百丈　威令嫖姚
暮岭蓮業　金經焜燿
吾師之風　山高水濔
七分眞面　慧月長照

선조시대 임진란이 일어나 시끄럽고 어지러워
종묘의 위패는 위태롭고 선의 수승함은 불안하여
풀 우거진 사찰에는 도깨비장난에 눈물이 비 오듯 했다.

護巖堂大禪師之眞影

宣廟龍飛晩古亂業　宇和祝似禪業統獄叶兼曹由兩派成佛禪點忌名嗚寫揀世
曼婦無人眼球積後活南急制庫禪利相關開還五古是禪全林先權禪究宗後義百是
底今度挑葉於堂有金線統贈舍神之風止為水清七今禪萬前設月長照
壬辰慕春錢境先恕核今須題

**호암당대선사진영** 護巖堂大禪師之眞影
조선 후기, 비단, 122.5×85.0, 순천 선암사성보박물관

신령스런 산 높이 솟은 바위에 상서로운 구름이 일어

이때 한 사람이 내려오니 아름다운 옥과 좋은 은으로

그릇은 크고 참으로 넓어 법규의 이치를 헤아려

관음 원통전과 오십불전을 처음으로 짓고

부처의 백호처럼 오묘한 진리를 탐구하니

백장百丈 스님을 이어 위엄을 드날리셨다.

나이 들어 묘법을 닦고 금경을 빛냈다.

우리 스님의 풍모는 산 높고 물결치니

영정의 참모습은 지혜의 달이 길을 비춘다.

---

순천 선암사에 모셔진 호암 약휴護巖若休, 1664~1738 선사 진영에 실린 예운 혜근의 영찬이다. 선암사로 출가한 호암 스님은 침굉 스님에게 수계를 받아 서산 휴정 – 소요 태능 – 침굉 현변의 법맥을 계승했다. 이와 관련해 영제 옆에는 '침굉하1세枕肱下一世'라는 묵서가 적혀 있다.

호암 스님은 정유재란에 소실된 선암사를 복원하기 위해 1689년부터 1702년에 원통전과 불조전을 세워 관음보살상과 55불상을 봉안하고 승선교를 건립했다. 이런 이유로 스님은 '선암사 수호자護巖子'로 불렸다. 중창 불사만이 아니라 무너진 승풍僧風을 진작시키기 위해 도승통제를 실시하고 백장청규百丈淸規에 버금가는 규율을 제정해 실행토록 하였다. 나이 들어서는 1자에 3배를 하며 『법화경』을 필사하는 등 평생 흐트러짐

승선교, 순천 선암사, 보물 제400호

없는 수행자의 모습을 지속하였다. 선암사를 중창하고 승풍을 올곧게 세우고자 한 호암 스님의 삶은 예운 스님의 영찬을 통해 후세에 다시 한 번 각인되었다.

# 조선 후기 선종의 적전자

性鏡元無竟
心秤本自平
頭頭皆現露
物物摠圓明
戒弟子毋藏骨留影


성품의 거울은 원래 다함이 없고
마음의 저울은 본래 평평하다.
두두頭頭 모두 다 드러나 있으며
물물物物 모두 다 둥글고 밝다.
수계 제자들아! 유골을 감추고 그림자도 남김이 없게 하라.

---

1737년 7월 10일 저녁, 비슬산 유가사의 낙암 의눌洛巖義吶, 1666~1737 스님
은 임종을 앞두고, 향탕香湯에 목욕하고 손수 붓을 들어 게송偈訟을 남겼

**임제종낙암대화상진영**臨濟宗洛巖大和尙眞相
조선 후기, 비단, 111.5×67.0, 합천 해인사성보박물관

다. 이 임종게는 스님의 벗인 신유한 申維翰, 1681~1752이 지은 「낙암대사비명 洛巖大師碑銘」1752에 새겨져 오늘날까지 전한다.

구미 해평 출신인 낙암 스님은 어린 나이에 출가해 대곡사 천곡 天谷 스님에게 머리를 깎고, 황악산 직지사의 모운 진언 스님에게 수계를 받았다. 28세에는 양평 용문산에 주석하는 상봉 정원 霜峰淨源, 1627~1709 스님을 찾아가 가르침을 받고, 서산 휴정에서 편양 언기로 이어지는 법맥을 계승했다.

제자 해봉 스님은 낙암 스님에게 바치는 제문 祭文에서 '부처님이 사라쌍수에서 발을 보이시고 달마가 소실 小室에서 의발을 전수하니, 조계의 일미 一味 임제로 흘러들어 넘실대고 석옥 石屋의 등불 하나 우리나라에 비춰 찬란하네. 서산의 돌부 鈍斧, 무뎌진 손도끼가 네 번 전해 선사에 이르렀다네!'라며 스승이 계승한 선맥의 연원을 밝혔다. 이처럼 당시 불교계는 낙암 스님을 선종의 적전자 嫡傳者로 인식했고, 이는 스님의 비 碑와 진영에 '조계종대사 曹溪宗大師', '임제종화상 臨濟宗和尙'이란 칭호로 고스란히 표현됐다.

낙암 스님은 세상의 명성에 구애받지 않고 중도를 중시하며 행동과 말로 자신을 드러내기 꺼려했다. 이런 마음으로 눈에 보이는 형체보다 성 性과 심 心에 매진하라는 게송을 남겼으나 불연 佛緣을 잊지 못하는 제자들은 스승이 입적하고 얼마 후 유가사에 승탑을 세우고 스승과 인연이 깊었던 유가사, 용연사, 해인사 등에 진영을 모셨다.

낙암 스님의 진영이 모셔진 사찰 중 현재 진영이 남아 있는 곳은 해인사뿐이다. 해인사 진영 속 낙암 스님은 질박하면서도 자재 自在로운 모습

을 하고 있다. 비록 유훈을 따르지 않고 진영을 제작하였으나 그 뒷면
에 적힌 스승의 기일과 진영 봉안처 그리고 영답影畓에는 이렇게 해서라
도 스님과의 인연을 후세까지 잇고자 했던 제자들의 바람과 정성이 담겨
있다.

人生如幻又如夢
八十年來換舊顔
在世若無毫末善
死將何物苔冥官

인생은 허깨비와 같기도 하고 꿈과 같아
팔십을 살면서 옛 얼굴만 바뀌었다.
세상에서 털끝만큼도 착한 일 한 적 없는데
죽어서 무엇으로 염라대왕에게 답할까?

– 무위자 임종게

師之言幻 五陰蘧廬之謂耶
師之言夢 三界火宅之譬耶
幻而非幻 九品蓮墓念一真乎

**청허5대손동파당대선사홍해진영** 淸虛五代孫東坡堂大禪師弘解眞影

조선 후기, 삼베, 106.5×81.5, 합천 해인사성보박물관

夢中說夢 半幅氷綃像七分乎

스님이 말한 허깨비는 오음의 인식을 말하는 것인가?
스님이 말한 꿈은 삼계화택에 비유한 것인가?
허깨비가 허깨비가 아니고 구품연대를 생각하는 참이며
꿈속에 꿈 이야기는 반폭 얇은 비단에 담은 초상이다.

– 채승룡 찬


해인사성보박물관에 소장되어 있는 동파 홍해東坡弘鮮, 18세기 활동 선사 진영에 실린 영찬이다. 영찬은 무위자無爲子, 즉 동파 스님이 남긴 임종게와 채승룡蔡昇龍의 찬문으로 이루어져 있다. 채승룡은 누구인지 알 수 없으나 동파 스님의 임종게를 읽고 찬문을 지은 것으로 보아 스님보다 후대인으로 생각된다.

비록 채승룡이 이름난 문인이나 사대부는 아니지만 인생이 허깨비와 한낱 꿈과 같다는 스님의 임종게를 '오음거려五陰邃廬'와 '삼계화택三界火宅'에 비유해 수행 정진이 극락왕생과 한 폭의 진영에 맞닿아 있음을 찬할 정도로 불교에 해박했던 인물로 추정된다.

동파 스님 역시 알려진 인물은 아니다. 오히려 진영 오른편에 적힌 '청허 5대손清虛五代孫'이란 영제影題를 통해 그가 청허 스님의 후손임을 알 수 있다.

스님은 청허 휴정 – 편양 언기 – 풍담 의심 – 풍계 명찰楓溪明察, 1640~1708
의 법맥을 계승했는데, 1764년 간행된 『서역중화해동불조원류』에 스님
이 보이지 않는 것으로 보아 18세기 후반까지 활동한 것으로 보인다.

착한 일을 한 적이 없어 염라대왕을 뵙는 일을 걱정한 것과 달리 진영 속
스님의 후덕한 얼굴에는 선함이 가득하다.

# 선교 회통… 표충사 건립

冬月之雪 雪嶺之松
潔焉挺焉 不染不邛
其泮也 順其蔭也
宏一以觀 空色之竗
一以徵道行之貞


동지 달 눈, 눈 내린 산봉우리의 소나무
깨끗한가? 늘어졌는가? 물들지 않고 굽지도 않으니
반은 녹았고 따라 감췄다.
크게 하나로, 공을 관한 색의 아름다움이요
하나는 도행의 이정을 거두어들인다.

---

통도사 설송 연초雪松演初, 1676~1750 선사 진영에 올린 성담 의전聖覃倚琠
스님의 영찬이다. 성담 의전은 설송 스님의 6세손이자 청담 준일淸潭遵一

扶宗樹教國一都大禪師弘覺登階雪松堂大禪師之真

**부종수교국일도대선사홍각등계설송당대선사진영**扶宗樹教國一都大禪師弘覺登階雪松堂大禪師之真

조선 후기, 비단, 122.8×80.5, 양산 통도사 영각, 경상남도 유형문화재 제450-14호

의 제자이다. 성담 스님은 '설송雪松'의 법호를 살려 고매한 스님의 성품을 반추하며 진공묘유眞空妙有를 통달한 스님에 대한 존경을 찬문으로 표하였다.

설송 스님은 사명 유정의 교파敎派, 편양 언기의 선파禪派로 나누어진 서산 휴정의 선교를 회통한 선사로 유명하다. 13세에 운문사로 출가해 사명 후손인 명암 석제銘巖釋霽, 미상~1718의 제자가 되었고, 1725년경에 편양 후손인 환성 지안의 문하에 들어가 선禪을 전수받았다.

법맥은 선을 중심으로 형성되지만 설송 스님은 환성 스님의 선맥에만 치우치지 않고 명암 스님의 교맥도 강조하였다. 이는 설송 스님이 1738년, 사명 스님의 사액사원인 밀양 표충사를 중창하는 데 절대적 명분이 됐다.

설송 스님은 표충사 초대 종정을 맡았으나 독점하지 않고 서산·부휴문중이 두루 함께 봉사하는 전통을 만들었다. 스님이 입적하자 그의 공적을 기리는 비가 운문사와 통도사에 세워졌고, 통도사, 표충사, 범어사에 진영이 봉안됐다.

통도사 진영 속 스님은 불자拂子를 들고 의자에 앉아 선교를 아우르고 표충사를 건립한 종정의 위엄을 보이고 있다. 진영은 19세기 중엽에 중수되었지만 날카로운 눈과 뭉툭한 코, 그리고 미소 띤 입술에서 '얼굴은 우락부락하지만 마음은 순박하다爲人貌洞而心順'는 스님의 생전 모습을 표현하고자 한 화승의 마음을 엿볼 수 있다.

# '한 줄기 맑은 바람', 본래면목

視之有色 聽之無聲
聲色有無 是什道理
荷衣杖錫晏然夕坐
泯視聽於聲色 絶聲色於有無
只這是一片清風 本地面目
九品蓮 自家園還會
這箇是無影月之圓缺 不響山之高低


보는 모양은 있으나 듣는 소리가 없다.
듣고 보고 있고 없음이 무슨 도리인가?
풀 옷에 지팡이 짚고 늦도록 우두커니 앉아 있으면
소리와 모양을 보고 듣는 데 빠짐과 있고 없음의 소리도 모습도
끊어짐이
단지 한 줄기 맑은 바람으로 본래면목이라
구품연화의 꽃밭이 우리집 정원이니 도리어 알겠는가?
저 그림자 없는 달이 차고 이지러지면서 불향산에 뜨고 진다.

**자도대선사양종정사설송당연초진영**紫都大禪師兩宗正事雪松堂演初眞影

근대, 면, 113.5×74.5, 청도 운문사 조영당

운문사에 모셔진 설송 연초 선사 진영에 실린 해담 치익海曇致益, 1862~1942 스님의 영찬이다. 설송 스님은 사명 유정과 편양 언기로 양분됐던 서산 휴정의 교파敎派와 선파禪派를 합일해 조선 후기 불교계에 새로운 바람을 일으켰다.

운문사는 설송 스님의 출가 사찰이자 스승인 명암 석제의 승탑과 탑이 모셔지고, 또한 설송 스님의 승탑과 비가 세워진 곳이다. 진영도 함께 모셔졌으나 세월이 흘러 낡게 되자 운문사에서는 20세기 전반에 진영을 새로 조성했다.

진영이 제작되면서 영찬 역시 새로 지어졌다. 찬자인 해담 스님은 근세에 율사이자 문장가로 이름이 높았다. 스님은 통도사 춘담春潭 스님에게 출가해, 용호 해주龍虎海珠 스님을 찾아 경전을 배우고, 고운사 수월 음관水月音觀 스님에 선禪을 전수받았다.

법맥상 정관 일선의 후손이지만 자신을 춘담문인이라 칭할 정도 뿌리를 다르게 인식했다. 설송 스님 영찬에 '문하이손門下耳孫'이라 밝힌 점으로 보아 춘담 스님은 설송의 문손門孫으로 추정된다. 해담 스님은 통도사 강주講主와 취운암 조실祖室로 있으면서 사찰의 크고 작은 불사에 증명으로 참여했다.

통도사는 운문사에 이어 승탑과 탑비, 진영이 모셔진 곳으로 해담 스님은 출가 직후부터 설송 스님을 알고 있었을 것이다. 또한 운문사, 범어사, 석남사 등 설송 스님의 자취가 깃든 사찰에서 활동하면서 존숭의 마음이 깊어졌을 것이다. 이런 마음은 속세에서 성색聲色 유무를 벗어나 한

• 자도대선사양종정사설송당연초탑, 청도 운문사
•• 자도대선사양종정사설송당연초탑비, 청도 운문사

줄기 맑은 기운을 일으킨 설송 스님을 기리는 찬문으로 표현됐으며, 이
후 스님의 문집인 『증곡집 曾谷集』1934에 수록됐다.

# 달마 후신, 서산의 정맥

達磨後身　西山正脉
志悟靈竗　道廣經學
潤色鴻猷　餘事翰墨
遺像儼然　薄夫可肅

달마의 후신이며 서산의 정맥이다.
깨달은 뜻은 영묘하고 도와 경학이 넓다.
모습과 뜻은 크나 여생을 필묵으로 보냈다.
남긴 진영은 위엄이 있고 거칠지만 엄숙하다.

———

영축총림 통도사에 소장된 응암 희유凝庵僖愈, 1734~1767 활동 선사 진영에
실린 최남복崔南復, 1759~1814 의 영찬이다. 최남복은 1784년에 대곡천 상류
에 백련서사白蓮書舍 를 짓고 백련구곡을 운영했다. 그는 천주교를 사학邪
學이라 꺼려했지만 월하 계오月荷戒悟, 1773~1849 와 시를 주고받으며 마음

兩宗大法師凝庵堂信愈之真

**양종대법사응암당희유진영** 兩宗大法師凝庵堂信愈之真

조선 후기, 비단, 112.0×73.7, 양산 통도사 영각, 경상남도 유형문화재 제450-37호

을 나눌 정도로 불교에는 호의적이었다.

다른 진영과 다르게 응암 스님 진영의 영찬은 화면 외곽에 적혀 있다. 이는 제작 당시부터 영찬을 적을 의도가 없었기 때문이다. '남겨진 형상은 위엄이 있고 거칠지만 엄숙하다'는 찬문대로 최남복은 진영을 통해 응암 스님을 뵙고 선사로서의 정통성과 수행자로서의 깊이를 찬탄하는 영찬을 지었다.

응암 스님은 사명 유정의 5세손이자 설송 연초의 법제자이다. 스님은 18세기 통도사에 주석하면서 영자전影子殿을 초창하고 대광명전 삼신불도 1759와 괘불도1767 제작을 주도했다. 스님이 입적하자 제자들은 1773년에 승탑과 탑비를 통도사에 건립하였다.

진영 조성 시기는 알 수 없으나 입적을 전후로 제작되었을 것으로 추정된다. 진영 속 응암 스님은 양손에 염주와 주장자를 쥐고 방석 위에 결가부좌하고 있다. 눈매가 매섭고 광대와 턱이 툭 튀어나와 인상이 강한데, 이는 최남복이 묘사한 형상 그대로이다. 스님 뒤편에 표현된 경상經床 위의 서책은 불가와 유가 책을 가까이했던 스님의 일상을 보여 준다.

응암 스님이 세운 통도사 영자전은 그의 4세손인 화봉 유철에 의해 1824년 중창됐다. 당시 중창 기문은 월하 스님이 지었다. 화봉 스님은 영자전에 관심을 기울이며 평소 문중 어른인 응암 스님 진영에 찬문이 없음을 안타까워했고, 그 마음은 월하 스님을 통해 최남복에 전달되었을 것이다.

통도사 대광명전 삼신불도, 양산 통도사성보박물관, 보물 제1042호
응암 스님은 1759년에 통도사 대광명전 삼신불도 제작을 위해 화주로 활동하였다.

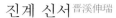

진계 신서 晋溪伸瑞

# 말세 다시 모시고픈 대종장

淵乎禪明於敎信曰大宗匠也
繼注聖開事學久而無煩惱障也
謂之末葉重來化身亦固無讓也

선에 깊고 교에 밝은 진실한 대종장으로
주성을 이어 강학을 오래도록 열었어도 번뇌의 장애가 없으시니
말세에 거듭 화신으로 오실 것을 청하오니 진실로 사양하지 마소
서다.

---

운문사에 모셔진 진계 신서 晋溪伸瑞, 18세기 활동 선사 진영에 실린 응허 의
진 應虛意珍, 19세기 후반~20세기 전반 스님의 영찬이다. 찬자인 응허 스님은
1901년에 용담 경천 龍覃敬天, 1824~1907 스님의 주도로 진행된 하동 쌍계사
대웅전, 화엄전, 나한전 등 전각 단청 불사에 기문을 지은 것으로 보아
경상도에서 문장으로 이름이 알려졌던 스님으로 생각된다. 스님은 운문

**양종정사진계당신서대선사진영** 兩宗正事晋溪堂伸瑞大禪師眞影

근대, 면, 113.0×74.8, 청도 운문사 조영당

사에서 진영을 새로 제작하자 진계 스님 진영과 도봉 스님 진영에 영찬을 남겼는데, 이중 도봉 스님 영찬에 자신을 가야산인伽倻山人이라 소개하고 있어 가야산 해인사 스님으로 추정된다.

진영의 주인공 진계 스님 또한 오늘날 거의 알려지지 않은 분이다. 진계 스님은 설송 연초의 수법제자로, 1750년에 운문사에서 설송 스님의 승탑과 탑비가 세워질 때 30명의 수법제자 중 한 명으로 그 이름을 올렸다. 수법제자 가운데 진영과 승탑이 전하는 분은 진계 스님을 비롯해 퇴암자여退菴自如, 응암 희유, 태허 남붕뿐이다. 응암 스님은 통도사에 정착하고, 태허 스님은 표충사를 건립하여 설송문중의 영향력을 경상도 일대로 확장했다면, 진계 스님은 운문사에서 명암 스님에서 설송 스님으로 이어진 문중의 전통을 굳건히 지켜 나갔다.

이를 반영하듯 진계 스님이 입적하자 제자 담윤淡玩, 우간遇間, 성활性活 등은 운문사에 스님의 승탑과 탑비를 세우고 이에 맞춰 진영도 사중에 봉안했다.

20세기 전반 운문사에서는 조영당祖影堂에 모셔진 진영 가운데 설송 스님과 진계 스님 그리고 정암 효원靜菴孝源 스님의 진영을 새로 제작했다. 조성 당시의 상황을 알 수 없으나 진계 스님은 스승인 설송 스님과 구별하기 어려울 정도로 닮은 모습으로 그려졌다. 또한 해담 치익 스님에게 설송 스님의 찬문을 맡기고 응허 스님에게는 진계 스님의 영찬을 의뢰해 원래 진영에 없던 찬문을 기록했다.

행장을 자세히 전하는 설송 스님과 다르게 진계 스님의 행보는 알려진 것이 전혀 없다. 이에 응허 스님은 진계 스님 탑비와 진영에 오롯이 남아

종정진계당대사신서탑, 청도 운문사

있는 '종정宗正', '양종
정사兩宗正事'에 착안하
여 선교禪敎 양종을 아
우르는 대종장인 진계
스님의 경지를 드러내
는 찬문을 남겼다.

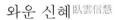

# 오고감에 자재한 선사

送臥雲師
行色是非外
去留天地間
一筇入太白
敲磬禮金仙


와운 스님을 보내며
행하는 모습은 시비를 벗어났고
가고 머무름은 천지간이다.
한 자루의 지팡이로 태백산에 들어
경쇠를 치며 부처님께 예경한다.

---

환성 지안 스님이 와운 신혜 臥雲信慧. 1769 활동 스님에게 보낸 시로, 환성 스
님의 유고집인 『환성시집 喚醒詩集』 석왕사. 1751 에 '송와운사 送臥雲師'라는 제

**와운당선사진신혜진영** 卧雲堂禪師眞諱信慧

조선 후기, 비단·삼베, 107.0×75.0, 예천 용문사성보유물관

목으로 실려 있다.

와운 스님은 『환성시집』의 말미에 수록된 문정목록門庭目錄에 기록된 36명의 제자 중 일곱 번째에 올라 있어 환성 스님에게 일찍이 입문한 제자로 추정된다. 환성 스님의 수많은 제자들 가운데 용암 신감龍巖信鑑, 화월 성눌華月聖訥, 호암 체정虎巖體淨, 포월 초민抱月楚旻. 18세기 전반 활동, 설송 연초, 함월 해원涵月海源. 1691~1770 등은 후손이 번성하여 입적 후에도 승탑, 진영, 유고집, 행장 등을 통해 그 덕망이 후대까지 보전되는 것에 비해 다른 제자들의 행적은 거의 알려져 있지 않다. 다행히 와운 스님은 환성 스님의 시 한 편과 더불어 입적 당시에 제작된 것으로 보이는 진영이 예천 용문사에 전한다.

와운 스님은 용문사에서 상당한 세력을 유지하며 존속한 듯하다. 선사先師의 제사일을 정리한 『용문사 기일록忌日錄』19세기 후반~20세기 전반에 스승인 환성 지안과 함께 스님의 기일이 적혀 있다. 또한 환성문중의 일원으로 1769년에는 포월 스님의 문도들이 주관하는 안동 봉정사의 대규모 경전 판각 불사에서 『사분계본여석四分戒本如釋』의 서문을 짓기도 했다.

이처럼 현전하는 와운 스님의 자료는 단편적이지만 태백산의 지맥인 소백산 용문사와 천등산 봉정사에서 발견된다. 스님의 가고 머무른 자취가 태백산에 들어가 부처님을 예경했다는 환성 스님의 시 구절은 그대로 당시 태백산을 거점으로 경상북도 동북부에서 활동했던 와운 스님의 행적을 말해 주고 있다.

또한 누구보다 제자의 성품을 잘 알아 시비에 얽매이지 않고 오고감에 자유로웠다고 평한 환성 스님의 마음이 그의 제자들에게도 전해진 듯 용

용문사 기일록, 예천 용문사성보유물관

문사의 와운 스님 진영은 조선 후기에 일반적인 진영 형식에서 벗어나
와운 스님의 호를 그대로 살려 흰 구름을 타고 자유롭게 오고가는 스님
의 모습을 표현했다.

회암 정혜 晦庵定慧

# 호방하고 기개 넘쳤던 화엄종장

可見者 耳目之形
不可見者 耆好之情
吾曾見君扵澄淸閣聲妓場中
亦如斯而已
此其所以爲如來席大心生者耶

보는 것은 이목구비의 형상이요
보지 못하는 것은 늙은이의 정이다.
내가 일찍이 그대를 징청각 기생이 노래하는 곳에서 보았는데
또한 이와 같았다.
이것은 여래의 자리에서 큰마음을 내기 때문이다.

---

조선 영조 때 좌의정과 영의정을 지냈던 조현명이 지은 제찬이다. 이 가
운데 '오증견군어징청각성기장중역여사이이 吾曾見君扵澄淸閣聲妓場中亦如斯而

**선교양종회암당대선사정혜진영**禪敎兩宗晦庵堂大禪師定慧之眞

조선 후기, 비단, 110.0×72.7, 김천 직지사 직지성보박물관

己'는 1730년 징청각 경상도 감영 관사에서 열린 경상도감찰사 부임 축하연에서도 초연함을 잃지 않고 수행자의 면모를 보인 회암 정혜 선사에 대한 경외심을 회상하며 지은 구절이다.

회암 정혜 晦庵定慧, 1685~1741 선사는 숙종 37년1711에 율사 栗寺에서 첫 강석 講席 이후 석왕사, 명봉사, 청암사, 벽송사 등에서 활발하게 강석을 펼친 화엄종장으로 만년에는 김천 청암사에 주석했다.

부휴 선수 - 벽암 각성 - 모운 진언 - 보광 원민 葆光圓旻으로 이어지는 법맥을 계승했으며 청암사, 쌍계사를 중심으로 해인사, 직지사에서 일가一家를 이루었다.

『회암대사행적 晦庵大師行蹟』에는 스님이 입적한 후 청암사, 벽송사, 석왕사 등에 영당을 세우고 진영을 그려 모셨다고 전한다. 그의 행장에서도 알 수 있듯이 청암사는 회암 스님과 인연이 깊은 사찰로 이 사찰의 강맥은 모운 스님을 시작으로 회암 스님을 거쳐 그의 문도들로 이어졌다.

현재 청암사에 봉안된 회암 스님 진영은 입적 당시에 조성된 진영은 아니다. 『청암사중수기 靑巖寺重修記』1854에는 19세기 중엽 청암사에 영각이 다시 세워지고 회암 스님의 진영을 이모해 봉안했다는 기록이 있다.

진영 속 회암 정혜 선사는 오른쪽을 향해 결가부좌한 모습이다. 선사의 심성이 드러나는 얼굴은 눈, 코, 입이 크고 뚜렷하며 눈썹 끝이 살짝 올라가 호방하고 기개 넘쳤을 것으로 보인다. 장삼과 가사를 걸친 신체도 어깨가 넓고 앉은 자세가 의젓하여 풍채 또한 좋아 보인다. 진영에서 느껴지는 회암 정혜 선사의 기상은 제찬에 그대로 드러난다.

청암사는 김천 불령산 자락에 위치하고 있으며 비구니 스님들의 예경과

청암사 승탑원의 회암당탑(上)과 용암당탑(下)

경전 읽는 소리가 끊이지 않는 청정 도량이다. 오늘날 청암사를 밝히는 교학의 전통은 조선 후기 청암사에 주석했던 회암 정혜 선사에게서 찾을 수 있다.

# 화엄에 정통한 화엄종주

道德仁義之法中王也
獸中麒百獸隨之
禽中鳳凰百禽之者

도덕과 인의로 법왕이다.
짐승 가운데 기린으로 온갖 짐승들이 그를 따르고
날짐승의 봉황으로 많은 날짐승이 그를 따른다.

———

해붕 전령 스님이 상월 새봉霜月璽封, 1687~1767 스님을 위해 올린 경찬으로
『해붕집』에 실려 있다. 부휴 선수의 후손인 해붕 스님이 서산 휴정의 6세
손 상월 스님을 찬탄하는 글을 지었던 것은 상월 스님의 명성과도 관계
있겠으나 무엇보다 두 스님이 출가하고 활동한 곳이 조계산 선암사라는
인연이 더 컸을 것이다.

상월 스님은 11세에 선암사의 극준極俊 장로에게 출가하여 15세에 머리

127

**상월당새봉대화상진영**霜月堂璽封大和尙眞影
조선 후기, 종이, 106.5×71.0, 순천 선암사성보박물관

를 깎고 16세에 화악 문신 華岳文信 스님에게 구족계를 받았다. 18세에 설암 추붕 雪巖秋鵬, 1651~1706 의 문하에 들어 의발을 전수받아 서산 휴정 – 편양 언기 – 풍담 의심 – 월저 도안으로 이어지는 법맥을 계승했다. 이후 스님은 여러 산문의 선사들을 찾아뵙고 가르침을 받은 후 1713년에 선암사에 돌아와 강원을 개설했다. 이에 많은 학인들이 상월 스님께 배움을 청하기 위해 줄을 잇자 이를 본 무용 수연 無用秀演, 1651~1719 스님은 당대 최고 강백으로 이름이 높던 환성 지안 이후 제1인자라며 칭송했다.

스님은 특히 화엄에 정통하여 화엄종주 華嚴宗主로 존경받았으며 1734년과 1754년에 선암사에서 두 차례의 화엄법회를 개최하자 학인과 선사들이 구름처럼 운집했다. 해붕 스님이 상월 스님을 들짐승과 날짐승의 우두머리이자 법왕이라 찬탄한 이유가 아마도 여기에서 비롯되었을 것이다.

스님은 81세가 되던 해인 1748년에 '물은 흘러 바다로 돌아가지만 달은 져도 하늘을 떠나지 않는다 水流元歸海 月落離天'는 게송을 남기고 입적했다. 다비 후 스님의 유골을 받들어 묘향산에서 초제 醮祭를 지내려 할 때 구슬 같은 사리 3과가 출현하자 제자들은 이를 묘향산, 선암사, 대흥사에 모셨다.

현재 선암사에는 상월 스님의 승탑과 묘향산을 향해 서 있다는 전설이 어린 비 碑가 세워져 있으며 진영도 전하고 있다. 본래 선암사에는 두 점의 상월 스님 진영이 모셔져 있었으나 한 점은 그 소재를 알 수 없고 지금은 영찬이 없는 진영만이 남아 있다. 이 진영에는 중간 키에 얼굴은 둥글고 큰 귀에 목소리는 우렁찼으며 소조상 塑造像처럼 움직임이 없었다는 후손들의 전언(傳言)을 그대로 그린 듯 강건한 인상을 한 상월 스님이 있다. 진영에 깃든 상월 스님의 기세는 이후 세대를 넘어 전해져 해붕 스님이 경찬을 짓는 데에도 영향을 미쳤을 것이다.

• 상월당탑, 순천 선암사
•• 상월대사비, 순천 선암사

# 백만 용호를 건지니

這一軸影子云　是虎巖和尙
近前仔細看　元非先師像
要識先師麽
身是光明幢　心是神通藏
目淸四大海　眉毛三千丈
手把漫天網子　羅籠百萬龍象
一朝大笑金剛去　萬二千峯眞身相


이 한 폭의 그림을 호암이라 하는가?
호암 화상을 가까이에서 자세히 보면 본래 선사의 상이 아니다.
선사를 알고 싶은가?
몸은 광명의 깃이요 마음은 신통을 간직하였다.
눈은 사대해와 같이 맑고 눈썹은 삼천장이다.
손에 하늘 가득한 그물을 잡고 백만의 용과 코끼리를 가두네.
하루아침 웃으면서 금강산으로 가니 만 이천 봉우리 그대로 참모
습이다.

**호암당대선사체정진영** 虎巖堂大禪師體淨之眞

조선 후기, 비단, 130.0×95.5, 순천 선암사성보박물관

순천 선암사에 모셔진 호암 체정 虎巖體淨, 1687~1748 선사의 진영에 실린 영찬이다. 찬문 다음의 '불초 제자가 두 번 절하고 머리를 숙여 삼가 제하다 不肖再拜手稽首謹題'는 글에서 유추할 수 있듯 이는 호암 스님의 제자가 지은 것이며, 같은 글이 연담 유일의 『임하록 林下錄』에 수록되어 있다.

서산 휴정에서 편양 언기, 환성 지안으로 이어지는 법맥을 계승한 호암 스님은 생전에 해인사와 통도사에 주석하다 금강산 표훈사 내 원통암에서 열반했다. 스님의 주 활동지가 영남과 금강산이지만 입적 후 호남에서도 추모 열기가 이어졌다. 대흥사에는 호암 스님의 비 碑가 세워지고 12대종사의 반열에 올려졌으며, 선암사에서는 진영이 영각에 봉안됐다. 이런 추모 움직임은 호암 문하에서 배출된 연담 유일과 만화 원오를 중심으로 이루어졌다. 연담 스님의 경우 옹사 翁師인 환성 스님과 스승 호암 스님의 비를 대흥사에 세워 문중의 위상을 높이고자 하였고, 만화 스님을 비롯한 후손들은 선암사에 환성 스님과 호암 스님의 진영을 모셔 기일마다 문중이 결집하도록 했다.

현재 호암 스님의 진영은 선암사, 통도사, 범어사에 모셔져 있으며, 이 중 선암사 진영은 18세기 후반에 조성된 것으로 시기상 가장 앞선다. 날카로운 눈매와 굳게 다문 입술, 하늘색 장삼을 입고 낮은 법상 法床 위에 결가부좌한 스님의 모습에는 법호 그대로 용맹스러움과 웅건함이 가득하다.

# 사바세계 보살

遺形與骸 逃色與相

一幅傳神 喚惺師之入室也

西山老之傳鉢也

猶若有之圖 貌之安氣之肅

緣塵之未盡拂者耶

于以驗神之佚 于以徵示 于其徒道之崔

永世認世出之菩薩


남기신 모습은 색과 모양 밖이다.

한 폭의 진영은 환성 지안 스님에게 입실하고 서산 휴정 스님의

의발을 받았다.

오히려 진영과 같다면 모습은 편안하고 기운은 엄숙하며

인연의 다하지 못함을 떨어냈다.

영험하고 징험을 보이며 우리 문도의 최고로

영원한 사바세계의 보살이시다.

**부종수교국일대선사호암당진영**扶宗樹敎國一大禪師虎巖堂之眞

근대, 면, 117.7×80.0, 부산 범어사성보박물관

범어사 소장 호암 체정 진영에 실린 영찬이다. 찬자인 송익휘宋翼輝, 1701~
미상는 환성 지안의 제자이자 서산 휴정의 법통을 계승한 호암 스님을 문
중의 표상이자 세상에 출현한 보살이라 칭송해 마지않았다.

송익휘와 같은 시기에 활동한 홍계희洪啓禧, 1703~1771도 '환성의 의발衣
鉢을 전수받아 청허의 금탕金湯: 金城湯池을 지켜 갈 이'라 비문을 지을 정
도로 18세기에 호암 스님은 서산과 환성의 적전嫡傳으로 이름이 높았다.
이 같은 명성은 후대로 이어져 환성문인 가운데 함월 해원은 북쪽에서,
호암 체정은 남쪽에서 크게 이름을 떨쳤다고 『산사약초山史畧抄』에 기록
됐다.

조선 후기 호남과 영남에서 호암 스님의 영향력은 상당했다. 호암 스님
을 비롯해 그의 문하로 만화 원오, 연해 광열, 영곡 영우, 연담 유일 등이
대흥사 12대 종사와 12대 강사로 불리고, 제자들은 호암 스님이 표훈사
원통암에서 입적하자 추모 불사를 일으켰다.

특히 대흥사에서는 연담 스님을 주축으로 호암 스님의 승탑과 비碑가 건
립되고, 연담 스님은 영찬을 짓기도 했다. 현재 대흥사에 호암 스님 진
영이 남아 있지 않지만 '손에 하늘 닿는 그물을 쥐고 백만 용상龍象을 낚
았네'라는 연담 스님의 찬문처럼 영남에 포진한 호암문도 역시 자신들이
주석한 범어사와 통도사에 진영을 모셔 존경을 다하였다.

영남의 두 사찰에 호암 스님의 진영을 모신 이는 제자 용파 도주龍波道周
와 그의 후손으로 추정된다. 이들은 호암 스님의 진영을 모셔 선사先師를
기리는 동시에 서산에서 환성, 호암, 용파로 이어지는 자기 문중의 정통

호암체정진영, 양산 통도사

성을 대외적으로 드높였다.

범어사와 통도사에 소장된 호암 스님의 진영은 모본模本을 가지고 그린 듯 동일하게 불자를 들고 의자에 앉아 있는 모습을 하고 있다. 날카로운 눈매를 가진 스님의 얼굴에는 '호암虎巖'의 뜻 그대로 호기롭고 굳건한 기상이 담겨 있다. 범어사에는 비록 대흥사처럼 승탑과 비를 건립하지 못했지만 진영에 행장을 압축한 영찬을 실어 스승의 모습을 온전하게 기억하고자 하였다.

# 조계산 동량 배출한 스승

准提光中 俯仰平生
鞭猊撻鳳 講論傳經
靈骨靈株 渾是餘事
無言成教 驚動諸子
傳像鮫綃 掛之金壁
敬禮眞儀 如對標塔
遍播諸寺 免全一門
不卽不離 道於斯存


준제보살의 지혜광명으로 평생을 굽어 우러러보시고
기린을 채찍하고 봉황을 매질하듯 강론으로 경을 전하니
영골 영주가 섞여 있음이 일상적이나
말없이 가르치시니 모두가 놀란다.
명주에 모습을 그려 전각 벽에 걸어 놓고
참모습으로 예경함이 또 다른 탑을 대하는 것과 같고
제방의 절에 두루 퍼져서 한 문중으로만 남게 하지 않으시니

**풍암당대화상진영** 楓巖堂大和尚眞影

근대, 면, 115.7×54.6, 순천 송광사 풍암영각

나아가지도 떠난 것도 아니어서 여기에 있다고 말한다.

———

묵암 최눌黙庵最訥이 풍암 세찰楓巖世察, 1688~1767 선사를 위해 지은 상찬이다. 풍암 스님은 어린 나이에 출가해 당대 화엄학으로 이름이 높던 무용 수연과 영해 약탄影海若坦, 1668~1754 스님의 문하에 들어 수학하다 무용 스님이 입적한 후 영해 스님의 제자가 되어 부휴문중의 정맥을 계승했다. 풍암 스님의 자세한 행적은 전하지 않지만 그의 밑에서 4걸四傑로 불리는 묵암 최눌, 응암 낭윤, 제운 해징, 벽담 행인 등이 배출되었고, 이들의 후손들은 20세기 전반까지 송광사를 지키며 번성했다.

풍암 스님의 영찬을 지은 묵암 스님은 제자 중 수제首弟로 꼽힐 정도로 강백이자 선사로 이름이 높았다. 묵암 스님은 풍암 스님이 평소 준제삼매에 들어 어려움을 극복한 일과 강론으로 자신들을 가르쳤던 일, 그리고 다비 때 부처님의 백호와 같고 안요眼耀와 같은 두 개의 명주明珠가 나온 일 등을 찬문에 녹여 문중의 어른으로 후세까지 함께하길 기원했다.

묵암 스님의 찬문은 현재 송광사 영각에 모셔진 풍암 스님 진영에는 적혀 있지 않고 『대승선종조계산송광사지大乘禪宗曹溪山松廣寺誌』1965에 수록되어 전한다. 행장에 따르면 풍암 스님이 송광사 보조암에서 입적하자 스님의 진영을 동각東閣에 봉안했다고 하나, 현전하는 진영은 당시의 것이 아니라 20세기 초에 새로 그린 것이다. 비록 스님을 표현하는 기법은 변했지만 영찬의 기입 여부는 이전 방식을 따랐던 것이다. 아마도 이전

풍암 스님 진영 옆에는 묵암 스님의 상찬을 새긴 목판이 함께 걸려 있었
을지도 모른다.

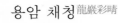

# 존재하되 존재하지 않는 참스승

有而無者師之形
無而有者師之神
欲知師求之扵形
神之外有無之間

있었으나 없어진 것은 스님의 모습
없었으나 남은 것은 스님의 정신
스님의 모습을 보고자 하거든
정신 밖에 유무의 사이이다.

―

용암 채청 진영에 적힌 이원조 李源祚, 1792~1872 의 영찬 影讚 이다. 이원조는
철종 때 대사간과 공조판서를 지낸 경북 성주 한개마을 출신이다.

19세기 중엽 김천 청암사에서는 진영각을 건립하고 스님들의 진영을 새
로 제작하면서 이원조에게 용암 채청의 영찬을 받아 기록하였다. '형상

**용암당대선사채청진영**龍巖堂大禪師彩晴之眞影

조선 후기, 비단, 101.0×66.5, 김천 직지사 직지성보박물관

과 정신 形神', '존재하되 존재하지 않음 有無'에서 선사의 참모습을 구하라
는 이원조의 문장에는 불교의 공 空사상이 담겨 있다.

진영의 주인공인 용암 채청 龍巖彩晴, 1692~1754은 회암 정혜의 고족제자이
다. 9세에 하동 대흥사의 문언 文彦 장로에게 출가, 회암 정혜에게 수학하
며 깨달음을 얻은 후 가야산, 불영산 등 여러 명산을 유력하다 거창 용계
산에서 입적했다. 입적 후 그의 승탑은 불영산 자락에 건립되고 진영은
청암사에 모셔졌다.

'채청 맑고 푸른 빛'이라는 법명대로 진영 속의 스님은 속세를 초월한 말간
청년의 모습을 하고 있다. 부드러운 눈매와 둥그런 콧방울에서 넉넉한
성품이 엿보이며 하늘빛 장삼에서 청천 晴天한 품성이 풍겨 나온다.

제자 진철 振哲은 '소박하고 자비로운 삶을 살았던 스승 師素行 盖正直誠敬 慈悲
喜捨也'을 회고하며, '스님이 태어남에 선도 禪道가 생겨나고 스님이 입적
하니 선 또한 사라졌다 惟師之生 禪道如生 惟師之沒 禪道如沒'고 칭송할 정도로 두
타 頭陀의 표상이었다.

용암 채청은 회암 정혜의 강백 講伯을 계승하는 한편 스승이 찬술한『선원
집도서과기 禪原集都序科記』의 간행을 주도하고 행장 行狀을 지어 업적을 널
리 알리고자 했다.

또한 영의정 조현명에게 찾아가 스승의 비명 碑銘을 받아 청암사에 비를
건립하였다. 이러한 정성을 기억하듯 용암 채청의 문도는 그의 승탑을
청암사 회암 정혜 승탑 아래 세워 추모의 마음을 이어 갔다.

# 팔공산의 정기를 밝게 하다

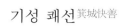

釋抱于箕　傳授西鉢
透經趠律　志若眼徹
峯雲滿衲　性一而寂
應中無物　惟彌陀佛
還鄕報恩　拾二一酉
八萬同藏　慈悲村盒

부처님이 기성을 품어 발우를 전해 주니
경을 통달하고 율을 배워 뜻을 확철히 하고
청산 백운을 납의로 유람하며 성은 오로지 공적하다 하고
응하는 가운데 없는 물건으로 오직 아미타불이
환향과 보은인 둘을 하나로 모아 오래도록 하면
팔만이 한 장경이며 자비가 더할 것이다.

**기성당쾌선진영**箕城堂大禪師之影

조선 후기, 비단, 157.0×96.5, 영남대박물관

1772년 송림사에 세워진 기성 쾌선箕城快善, 1693~1764 스님의 비문에 새겨진 명문銘文의 일부이다. 비문을 지은 이는 부제학이던 이미李瀰, 1725~미상이다. 이미는 기성 스님을 만난 적이 없으나 젊은 시절 도봉산 산장에서 보월 혜징寶月慧澄 스님이 강론한 『능엄경』을 듣고 그의 수승한 경율經律이 스승인 기성 스님에게 비롯하였음을 알게 되었다. 세월이 지나 보월 스님이 다시 이미를 찾아와 스승의 공적을 기리는 글을 청하며 보인 『청택법보은문請擇法報恩文』과 『염불환향곡念佛還鄕曲』을 통해 기성 스님의 수행이 오롯이 자비에 귀결되어 있음을 간파하고 이와 같은 명문을 지었다.

기성 스님은 팔공산의 정기를 밝게 한다고 칭송을 받을 정도로 일생동안 팔공산과 인근 사찰에서 수행 정진하였다. 13세에 송림사에 출가해, 14세에 민식敏湜 스님에게 머리를 깎고, 16세에 서귀西歸 스님에게 구족계를 받았으며, 도덕산 태조太祖 스님께 수련한 후 낙빈 홍제落賓弘濟 스님이 개설한 강원에서 수학하여 25세에 낙빈 스님에게 인가를 받았다. 이로써 기성 스님은 편양 언기에서 풍담 의심을 거쳐 상봉 정원, 그리고 낙빈 홍제로 이어지는 법맥을 계승하였다. 스님은 강백으로 이름이 높았으나 이를 폐하고 51세에는 동화사 부도암에서 낮에는 80권 『화엄경』을 읽고 밤에는 좌선 수행에 진력하였으며, 말년에는 은해사 기기암에서 염불 왕생을 권하는 결사 활동을 하였다.

스님이 입적하자 제자들은 동화사의 상봉 스님 승탑 아래에 기성 스님의 승탑을 세우고 『청택법보은문』과 『염불환향곡』을 간행하였으며, 송림사

에 공적비를 세우는 등 추모 사업을 이어 갔다. 승탑과 함께 진영도 제작
되었겠지만 안타깝게도 기성 스님의 진영은 현재 영남대박물관에 소장
되어 있다. 진영 속의 기성 스님은 제자들이 기억하던 '이마는 넓고 반듯
하였고 얼굴은 검고 몸은 빛났다 頂闊準直面黔身瑩'는 그 모습 그대로를 간직
하고 있다.

# 화엄보살과 생불로 칭송받다

喚惺幹孫  虎岩眞子
西江水濶  不如我師之口
曹溪山高  不及我師之鼻
一部華嚴  早歲恭飯
禮念彌陁  脫節行李
普勸朝鮮國  僧乎俗乎
趣向蓮花國  九品淨土
咄 冷眼看來  漏逗不少
拈花微旨  向甚處求
然雖如是  屆今之世  恩大難酬

환성의 손자요 호암의 적자이다.
서강의 물이 광활하여도 우리 스님의 입과 같지 않고
조계산이 높아도 우리 스님 코에 미치지 못한다.
팔십화엄을 어린 시절에 밥해 드시고
아미타불 염불의 무진 고행으로

149

**만화당대선사진영**萬化堂大禪師之影諱圓悟
조선 후기, 비단, 106.0×67.5, 순천 선암사성보박물관

널리 조선에 권하니, 스님들도 속인들도

연화국 구품정토를 그리워하였네.

돌! 냉철하게 보면 잘못이 적지 않다.

꽃을 들어 보이신 미묘한 뜻을 어느 곳을 향해 찾을까?

그러하기가 비록 이와 같으나 지금 세상에서는 은혜가 커서 보답

하기 참으로 어렵다.

---

순천 선암사에 모셔진 만화 원오 萬化圓悟, 1694~1758 선사 진영에 실린 영찬이다. 영찬을 화면 외곽에 묵서로 기입하는 방식과 영찬 끝을 '같은 문중 아우가 두 번 절하고 삼가 제한다 同門弟拜手謹題'고 기술하는 방식이 호암 스님의 영찬과 같아 영찬을 지은 이는 연담 유일로 추정된다. 연담 스님은 만화 스님의 사제 師弟이다.

만화 스님은 대흥사에서 출가해 환성 지안 스님과 호암 체정 스님에게 가르침을 받아 30세에 모든 경전에 통달했다. 특히 화엄학에 능통해 『화엄경』 39품 品을 규명하고, 철저한 수행과 자비로운 보살행으로 화엄보살이자 '살아 있는 부처 生佛'로 칭송받았다. 뿐만 아니라 인허 해안 印虛海岸 스님에게 선법 禪法을 받아 만년에는 참선 參禪을 궁극의 수행법으로 삼아 정진했다. 스님이 입적하자 대흥사에 스님의 승탑과 탑비가 세워지고 12 대강사로 존숭받았으며 진영이 동국선원 東國禪院 영각에 모셔졌다.

현재 스님의 진영은 대흥사에는 없고 선암사와 동학사에 전한다. 이중

선암사의 진영은 18세기 후
반에 조성된 것으로 추정된
다. 마른 얼굴에 장염주를 쥐
고 결가부좌한 모습은 과묵하
고 점잖아 세속의 명리를 좇
지 않고 출가해 학행學行에 매
진했던 스님의 올곧은 성품이
그대로이다.

만화당승탑, 해남 대흥사

# 정골기암 한 조각 남긴 염불승

軒七尺身 頭圓鼻直

眉厖目紺 口方耳長

而聲音淸越 人幸而見之者

善心自生 一夫稱之

衆人聞之 好善者

遝邐應之 所著方袍

雖與儒冠不同 所貴在乎德也

老宿之儀範 其如此

其餘異行怪 光多有之

恐本心明鏡中影 不必書之


위풍이 당당하고 몸은 칠 척이며 이마는 둥글고 코는 곧다.

풍부한 눈썹에 눈은 검푸르고 입은 반듯하고 귀는 길다.

음성은 맑다. 사람들은 행복하게 그를 보고

착한 마음을 스스로 내어 한 사람이 그를 칭찬하면

많은 사람들이 듣고 좋고 좋다고 하였다.

153

**화적당대선사두일진영**和寂堂大禪師斗日之影

1784, 비단, 108.0×76.0, 해인사 국일암 벽암당

유생들과 함께하였으나 같이하지는 않아 귀함이 있고 덕스럽다.
스님의 위의와 규범이 이러하며
그의 나머지 기이한 행도 많다.
한갓 마음의 명경 가운데 그림자를 꼭 적어 놓을 필요는 없다.

---

해봉 스님이 묘사한 화적 두일和寂斗一, 1702~1775 스님의 모습과 성품으로
『호은집』의 「화적출서문和寂出瑞文」에 실려 있다. 이 글은 비록 화적 스님
의 영찬은 아니지만 내용에서 현재 해인사 국일암 벽암당에 모셔진 진영
속 화적 스님을 위한 찬문이라 해도 무방하다.

「화적출서문」은 스님의 이적異蹟을 제목으로 삼고 있으나 전체 내용은
행장에 가깝다. 강릉 출신인 스님은 어린 나이에 보현사普賢寺의 신원信
元 스님에게 출가해 서산 스님의 6세손인 봉암 국평鳳岩國萍 스님의 묘결
을 듣고 법맥을 계승했다. 현전하는 승보僧譜에는 두 스님에 관한 기록이
없기에 어찌 보면 해봉 스님의 글이 두 스님에 관한 유일한 자료라 할 수
있다. 화적 스님은 평소 구름처럼 명산을 자적自適하며 염불에 힘썼고 가
야산 중봉암中峯庵에서 좌탈했다. 이적 후 대중들이 절차를 갖춰 다비를
치렀는데 불이 사그라질 무렵 손가락 한 마디 크기에 자색이 도는 정골頂
骨 한 조각이 기암奇巖으로 솟아올랐다. 해봉 스님은 이 정골이야말로 화
적 스님이 평생 수도한 힘이라 감탄하며 이 상서로움을 각 사찰 스님들
에게 알려 많은 이들이 선심善心을 일으키길 바랐다.

화적당탑, 합천 해인사 국일암

다비 후 문인들은 국일암 인근에 스님의 정골을 모신 승탑을 세웠다. 그리고 10년이 지난 1784년 12월, 문도인 화승 관허 설훈(寬虛雪訓) 스님은 마음을 내어 진영을 제작했다. 관허 스님은 해봉 스님의 글처럼 스님의 얼굴을 묘사하는 한편 선객(禪客)의 납의를 입은 모습을 그려 수행자의 삶을 살다 간 화적 스님을 표현했다.

# 동국 화엄 꽃피운 화엄보살

東國華嚴　若存若亡
我師間生　整其頹綱
十玄法門　重得恢張
其誰不曰　再來清凉

동국의 화엄이 있는 듯 없는 듯
우리 스님 살아 계실 적 무너진 기강을 세우고
십현법문을 거듭 크게 펼쳤으니
그 누가 청량 국사가 다시 왔다 말하지 않겠는가!

선운사에 모셔진 설파 상언 雪坡尙彦, 1707~1791 선사 진영에 실린 영찬이다.
이 영찬은 연담 유일의 『임하록』에 수록된 「설파화상찬 雪坡和尙贊」의 앞부
분을 그대로 옮겨 적은 것이다.
두 스님은 호암 체정의 제자로 사형사제간이지만 배움에 있어서는 연담

**화엄종주설파당진영** 華嚴宗主雪坡堂眞影
조선 후기, 비단, 115.0×66.0, 고창 선운사성보박물관

스님이 설파 스님에게 가르침을 받았다. 영찬에서 중국 화엄종 4조인 청량 징관이 동국에 다시 온 것 같다는 찬사를 받을 정도로 설파 스님의 생애에는 조선 후기 화엄학의 역정이 오롯이 투영되어 있다. 진영에도 이와 같은 스님의 삶을 반영하듯 평소 탐독했던 화엄경함華嚴經函이 그려져 있다.

스님은 선운사 운섬雲暹 스님에게 출가해 호암 스님의 법제자가 된 후 25회에 걸쳐 『화엄경』을 강설하였고, 『화엄경소』와 『화엄경소초』의 오타와 오류를 수정해 『화엄십지품사기華嚴十地品私記』, 『화엄청량소은과華嚴淸涼疏隱科』, 『구현기鉤玄記』 등의 해석서를 저술했다.

특히 백암 성총栢巖性聰, 1631~1700이 1690년에 개판한 징광사의 화엄경소초 목판이 화재로 소실되자 1775년에 이를 중간해 영각사靈覺寺에 보관하였다. 스님이 입적하자 영각사에 부도를 세울 정도로 영각사 화엄경소초 판각은 가장 중요한 업적이었다.

판각을 도운 연담 스님은 스님 자체가 중간重刊의 처음과 끝始終이라 하며 존경의 마음을 담아 동국 화엄의 꽃을 피운 스님을 찬탄하며 영찬을 지었다. 또한 영의정인 채제공蔡濟恭, 1720~1799은 설파 스님의 비문碑文에 '화엄의 충신'이라 칭찬하였으며, 후손인 설두 유형雪竇有炯, 1824~1889은 '화엄보살'이라 칭송했다.

# 채제공이 예를 표하다

紅流之石 孤雲詩千

伽倻之龕 海峯眞一幅

詩與眞孰壽孰夭

僊不死兮 釋則無始無竟

吸紅流之瀣

理伽倻之屐

吾知其手摩孤雲詩

頂禮海峯幀


홍류동 바위에 고운의 시가 천년

가야산 전각에 해봉의 진영이 한 폭

시와 진영 무엇이 오래이고 무엇이 짧은가.

신선은 아니 죽고 부처님은 시작도 마침도 없다.

홍류동 이슬 기운을 마시고

가야를 나막신으로 걸으며

나는 고운의 시를 어루만지고

海峯好隱大師眞相

**해봉호은대사진영** 海峯好隱大師眞相
조선 후기, 삼베, 114.2×80.4, 합천 해인사성보박물관

해봉의 진영에 머리 숙여 예를 표한다.

———

채제공의 『번암집 樊岩集』에 실려 있는 해봉 대사 영찬이다. 영찬의 주인공은 해봉 유기 海峯有機, 1707~1785 이며, 채제공이 예를 표한 해봉 스님의 진영은 현재 해인사에 모셔져 있다. 이 영찬은 해봉 스님의 시문집인 『호은집』에도 실려 있다.

해봉 스님은 9세에 속리산에서 『소학』을 공부하다 어떤 스님이 『대혜보각선사서 大慧普覺禪師書』를 읽는 것을 보고 문득 깨달아 15세에 출가했다. 이후 28세에 가야산에 계신 낙암 의눌 스님에게서 선교 禪敎의 요체를 체득하고 가사와 발우를 전수받아 서산 휴정 - 편양 언기 - 풍담 의심 - 상봉 정원 - 낙암 의눌로 이어지는 법맥을 계승했다.

스님은 비슬산과 가야산을 오가며 교화를 펼쳤다. 여러 경전 가운데 『화엄경』에 특히 뛰어났으며 염불에도 관심이 깊어 1776년 해인사에서 『신편보권문 新編普勸文』을 간행했다. 말년에 가야산 처소에 들어 15년간 출입하지 않았음에도 문 밖에는 왕래하는 학인들이 가득했다고 한다.

스님이 입적하자 제자 평악 지학 平岳旨學은 해봉 스님의 문집을 들고 양주에 있는 채제공을 찾아가 서문 序文을 청했다. 해봉 스님과 채제공은 서로 아는 사이는 아니지만 해봉 스님은 1771년에 채제공이 찬한 봉암 채흠 鳳巖采欽의 비문을 보고 죽어서라도 채공 蔡公의 글을 얻기를 원했다. 채제공 역시 온갖 문체에 막힘이 없는 스님의 문장을 보고 찬탄을 마지하지 않았으며, 서문만이 아니라 진영의 영찬을 지어 최치원의 시처럼 해봉 스님이 후세에 영원토록 기억되길 기원했다.

학봉 원정 <sup>堅峰元淨</sup>

# 영산회상의 몇 번째 존재인가?

衲裡西天寶月藏輝

杖頭東極名山交影

松林六十一賸祇是

無心胎性移之數幅

霜綃不問眞幻而

無心則同無量刧來

色非空

古松岩壑颯颯長風 瞻之者

不覺攢手誦阿彌陀

是靈山會上 苐幾位尊者

嗟哉 空門舍利愼莫疎

此畵勝似千層塔裏牟尼顆


옷 안에 서천의 황금빛을 감추고

주장자는 동국의 명산에 그림자로 비추네.

육십일 년 송림에서 지낸

**학봉당대선사진영**鶴峰堂大禪師之眞幀
조선 후기, 비단, 112.5×86.7, 합천 해인사 홍제암

무심한 성품을 진영에 옮겨 놓으니

영정의 진실과 허깨비를 묻지 않고

무심함에 곧 무량겁이 오는 것과 같다.

색은 공이 아니다.

골 깊은 바위 골짜기 노송에 바람 불면,

보는 이는

몰란결에 두 손을 합장하고 아미타불을 부른다.

영산회상에 몇 번째 존자이신가?

아, 공문의 사리를 소홀히 대하지 마라.

이 그림의 수승하기가 천 층 탑 속의 석가모니 부처님 사리와 같
네.

해인사 홍제암에 모셔진 학봉 원정 鶴峰元淨, 1744~1754 활동 선사의 진영에
실린 이미의 영찬이다. 비록 학봉 스님에 대한 행장은 전하지 않지만 이
미의 영찬에 스님을 영산회상의 존자로 비유할 정도로 60여 년 간 수행
하면서 불교의 요체를 체득하고 그 명성이 전국에 알려졌던 것으로 보
인다.

이미는 영·정조대 경상도관찰사, 홍문관 부제학, 이조참판을 지낸 인물
로 학봉 스님의 영찬을 비롯해 기성 쾌선 등의 비문을 지었다. 이미와 기
성 스님은 제자 보월 혜징 스님을 통해 그 인연이 맺어져 있으며, 학봉

스님과 이미의 관계 또한 이와 같았을 것이다. 1744년에 이미는 보월 스님을 만나 기성 스님의 교학과 선禪의 높은 경지를 듣게 되었다. 1770년에 경상도관찰사로 부임해 보월 스님과의 돈독한 관계를 지속하였고, 부제학이 된 후에는 스님의 청으로 기성 스님의 비문을 짓기도 했다.

학봉 스님과 기성 스님은 상봉 정원의 3세손이며, 보월 스님에게 학봉 스님은 사숙私淑이다. 1752년에 낙암 의눌 스님의 비를 유가사에 세울 때 학봉 스님은 제자, 보월 스님은 집사執事로서 불사를 함께 마무리했다. 보월 스님이 이미에게 스승의 비문을 부탁하듯 사숙인 학봉 스님의 영찬 또한 부탁하였을 것이다.

# 해인사에 꽃핀 상봉문중 적전嫡傳

公之德行 純善無雜
面帶雲露 心藏水月
我作贊詞 實不愧葦

스님의 덕행은 순수하고 선하다.
얼굴은 상서로운 구름을 띠고 마음에 수월을 담았다.
내가 찬사를 지으니 참으로 부끄럽다.

———

해인사성보박물관에 소장된 야봉 환선冶峰幻善, 1752~1773 활동 선사 진영에
실린 영찬이다. 찬자는 누군지 알 수 없으나 영찬을 통해 계행에 부끄럼
없이 맑고, 밝은 용모에 자애한 마음을 간직한 모습으로 찬하면서 야봉
스님에게 존경의 마음을 표현했다.
현재 야봉 스님의 삶과 사상을 유추할 만한 행장은 전하지 않지만 다행
히 진영 뒷면에 간략하게나마 스님의 스승과 몰년沒年이 기록되어 있다.

**야봉당대선사진영**治峰堂大禪師之眞
조선 후기, 비단, 91.2×59.3, 합천 해인사성보박물관

스님의 휘는 환선이며, 낙암 화상의 제자로 1773년 4월 18일 입적했다. 해인사 관음전에 진영이 모셔지고 제사에 소용되는 비용을 대는 토지를 두었다.

기록대로 야봉 스님은 상봉 정원의 법맥을 계승한 낙암 의눌의 제자이다. 그의 법명인 환선幻瑃은 1752년에 유가사에 세워진 낙암 의눌 비에 사법嗣法 제자로 또렷이 새겨져 있다.

18세기 해인사에는 낙암 스님과 제자인 호은 유기, 학봉 원정, 야봉 환선 등이 활동하면서 상당한 세력을 유지했다. 이를 반영하듯 해인사 곳곳에는 많은 스님들의 진영이 봉안되어 있고, 특히 관음전에는 낙암 스님과 야봉 스님의 진영이 나란히 모셔졌다.

낙암 스님 진영에도 야봉 스님 진영과 마찬가지로 뒷면에 휘와 기일忌日, 봉안처와 영답 등이 기록되어 두 진영은 같은 해에 제작되었던 것으로 추정된다. 또한 스승과 제자가 같은 봉안처에 모셔졌다는 사실은 18세기 해인사에서 여러 제자 가운데 야봉 스님을 낙암 스님의 적전嫡傳으로 인식하였음을 의미한다.

진영 속 야봉 스님은 뚜렷한 이목구비에 마른 체구의 인물로, 녹록치 않은 성품의 소유자였을 것으로 짐작된다. 일반적으로 진영 속 스님들은 불자를 들고 있는데 비해 야봉 스님은 여의如意를 양손에 쥐고 경상經床에는 경전이 펼쳐져 있다. 영찬에는 드러나지 않았지만 여의와 경전으로 보아 스님은 교학에 밝고 강설講說을 즐겨했던 것으로 여겨진다.

용파 도주 龍波道周

# 영남에 호암문중 뿌리내리다

運還像季　正法難救
惟師任之　慧命是佑
借筏敎海　東燭禪園
宗說登壇　桃李滿門
喚惺之孫　虎巖之子
不像者存　何生何死


돌아온 말법 시대에 정법 만나기 어렵다.
오직 스님은 뜻대로 혜명을 얻어
뗏목을 빌린 교해 동쪽을 밝힌 선원
종사가 설법한 등단 문하생이 가득한 문하
환성의 법손이요 호암의 법자이니
모습으로 존재하는 것이 아니니 어찌 나고 죽겠는가.

**부종수교용파당대선사진영** 扶宗樹教龍坡堂大禪師之眞

근대, 면, 118.0×80.0, 부산 범어사성보박물관

범어사 소장 용파 도주龍波道周, 1755~1775 활동 선사 진영에 실린 구봉 지화九鳳知和, 1857~1872 활동 스님의 영찬이다. 구봉 스님은 용파 스님의 6세손이다. 영찬의 구절대로 용파 스님은 환성 지안과 호암 체정의 법맥을 계승했다.

조선 후기 호암 스님에게 가르침을 받은 제자들은 호남과 영남 불교계에서 이름을 떨쳤다. 제자들 중 만화 원오, 연담 유일이 호남에서 문중의 명성을 높였다면, 용파 스님은 영남에서 문중의 입지를 굳건하게 했다.

'뗏목을 빌린 교해教海, 동쪽을 밝힌 선원禪圜, 종사가 설법한 등단, 문하생 가득하네'라는 구봉 스님의 찬탄처럼 영남에서 호암문중이 뿌리를 내리고 꽃을 피울 수 있었던 것은 용파 스님의 공덕에서 비롯됐다. 스님은 18세기 중엽 통도사에서 일어난 크고 작은 불사에 동참하면서 1768년에 통도사 극락암 중수를 이끌었다. 중수된 암자에는 스승인 호암 스님 진영이 모셔졌고, 이는 문중이 성장할 수 있는 토대가 됐다.

용파 스님이 입적하자 그의 문도는 승탑과 탑비를 통도사에 세우고 진영을 제작해 호암 스님 진영과 함께 봉안했다. 통도사 호암문도는 극락암에 모신 두 스님의 진영이 오래되자 1859년에 환성문중 출신 화승 의운 자우義雲慈雨 스님을 청해 진영을 새로 조성했다.

범어사 용파 스님 진영은 1859년에 제작된 통도사 진영을 모본으로 한다. 진영 속 스님은 타원형 얼굴에 이목구비가 뚜렷하고, 불자를 들고 의자에 앉아 있다.

이 같은 용파 스님의 모습은 호암 스님 진영을 겹쳐 그린 듯 흡사하다.

• 용파당도주대사탑, 양산 통도사
•• 선교양종도총섭용파당도주대사비, 양산 통도사

실제로 두 스님이 서로 닮았는지는 알 수 없지만 적어도 후손들은 진영
을 예경하며 호암 스님의 요체要諦가 용파 스님에게 전수됐다고 생각했
을 것이다.

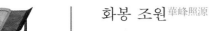

# 빛나는 명사들과의 인연

有而使無者心
無而使有者影
无固不妨
有夾非幸
月在秋潭  松挺霜岡
是吾師之眞
何必問一幅有亡


있어도 부릴 수 없는 것은 마음
없어도 부릴 수 있는 것은 그림자
없어도 무방하고
있다고 다행인 것은 아니다.
달은 가을 연못에 있고 소나무는 산등성에 있다.
이는 우리 스님의 진영이다.
하필 한 폭이 있고 없고를 묻는가?

**화봉당대선사조원진영**華峯堂大禪師照源之眞
조선 후기, 비단, 106.5×73.6, 합천 해인사성보박물관

1779년에 번암樊岩 채백규蔡伯規가 해인사의 화봉 조원華峰照源, 1761 활동 선사를 위해 지은 영찬이다. 화봉 스님은 부휴 선수의 6세손으로 벽암 각성 - 모운 진언 - 보광 원민 - 회암 정혜의 법맥을 계승했다. 1744년에 김천 쌍계사에 세워진 회암 정혜 스님 비碑에도 회암문인晦庵門人으로 스님의 법명이 또렷하게 새겨져 있다.

조선 후기에 부휴문중은 여러 지역에서 활동했으며, 특히 가야산, 불령산, 황악산 등지에서는 모운 진언의 후손인 회암문중의 활동이 두드러졌다. 화봉 스님에 관한 자세한 행장은 전하지 않지만 1761년에 해인사 백련암에 모실 불상 다섯 구를 조성하기 위해 화주化主로 활동한 기록과 회암문중 출신인 추파 홍유秋波泓宥, 1718~1774의 『추파집秋波集』에 가야산에 계신 화봉 스님에게 올린 글이 남아 있다. 이런 단편적인 자료로는 확인되지 않지만 해인사에 모셔진 화봉 스님의 진영에 적힌 영찬은 당시 불교계를 넘어 사대부에게 알려진 스님의 위상을 고스란히 드러내고 있다.

찬자撰者인 채백규는 영·정조 때 문신이자 정치가, 그리고 예술계의 후원자로 유명한 채제공의 또 다른 이름이다. 채제공은 스님들과 상당히 우호적인 관계를 유지하였는지 그의 문집인 『번암집』에는 화봉 스님 외에도 해봉 유기, 문곡 영회文谷永誨, 추파 홍유, 봉암 채흠 등 여러 스님의 영찬과 비문이 실려 있다.

화봉 스님의 영찬은 예서隸書로 적혀 있으며 이를 쓴 이는 송하松下 조치행曹致行이다. 조치행의 예자隸字는 상당히 유명했는지 홍양호洪良浩, 1724~1802가 옥을 쪼아 솥을 만들고 그의 예자로 석정연구石鼎聯句를 썼다는 일화가 여러 사대부 문집에 전한다. 이처럼 화봉 스님의 영찬에는 지금은 잊혀진 18세기 후반 불가와 속가의 여러 명사들의 인연이 담겨 있다.

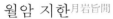

# 큰 바위 기상 만세 이르다

贊曰 秋空霽月　雪林老岩

立旨靑嶂屹屹　任閒白雲溶溶

月明兮精神　岩高兮氣像

靑嶂兮珍重　白雲兮從容

又曰 月岩老　生無功名事業萬世相傳

旨閒公　歸亦精靈神謐九蓮超生


찬하여 이르니 비 개인 가을 하늘 달 밝고 숲의 오래된 바위에 눈 내린다.

세운 뜻 푸른 산봉우리처럼 높고 자유로운 흰 구름 뭉게뭉게 피어오르네.

맑은 달의 정신이며 큰 바위의 기상이요

푸른 산봉우리의 진중함이며 백운의 여유로움이다.

또 이르노니 월암 늙은이는 생전에는 공명에 무심하나 사업은 만세에 서로 전하고

지한 공이 돌아가니 신령한 정신은 구품연화대에 태어난다고 말

**차사시암중창대공덕주월암당대선사지한진영** 此寺是庵中創大功德主月岩堂大禪師旨開眞

근대, 면, 117.5×78.5, 봉정사 영산암 무량해회

한다.

———

봉정사 영산암에 모셔진 월암 지한月岩旨閒, 1753~1769 활동 선사 진영에 적
힌 영찬이다. 월암 스님은 18세기에 활동하였으나 진영은 20세기에 조성
된 것이다. 후대에 제작한 탓인지 진영 속 스님은 전신傳神이 퇴색되고
찬문을 지은 이조차 알 수 없다. 다만 법호와 법명을 살려 지은 영찬에는
월암 스님의 웅대한 기상과 자재로운 품성에 존경을 표하는
마음이 고스란히 담겨 있다.

월암 스님은 환성 지안 – 포월 초민 – 영월 응진影月
應眞 – 설봉 사욱雪峰思旭으로 이어지는 법맥을 계승
했다.

18세기 중엽 월암 스님은 봉정사에 주석하면서 관
음보살좌상 개금1753, 선사先師들의 진영 조성
1766~1768, 경판 판각1769 등 크고 작은 불사에
화주化主로 나서 불사를 마무리했다. 특히 서
산 스님과 사명 스님 진영을 시작으로 환성 · 포
월 · 영월 · 응진 · 설욱 스님의 진영을 제
작하고, 이를 봉안할 영당을 봉정사 영산
암에 마련하여 서산과 환성의 적전嫡傳인
포월문중의 정통성을 확립했다.

목조관음보살좌상, 안동 봉정사,
보물 제1620호

181

또한 문중 어른인 함월 해원, 와운 신혜에게 서문序文을 받아 『기신론소필삭기 起信論疏筆削記』, 『사분계본여석 四分戒本如釋』 등을 봉정사에 간행하는 일을 주도하여 환성 스님부터 이어져 온 문중의 교학 사상을 대외적으로 드높였다.

이에 관해 묵암 최눌은 '땅의 신령함이 고승을 숨기고 자금을 유통하여 만등을 켰다네. 영겁토록 밝은 빛이 다하지 않아 시방삼세에 두루 퍼지네 地靈也合隱高僧 運値流通爇萬燈 塵劫明明傳不盡 十方三世徧揚騰'라며 문중의 위상을 높이기 위해 진력한 월암 스님을 찬탄하는 글을 남겼다.

오암 의민 鰲巖毅旻

# 영남종장

形本是假　影豈爲真
有相非相　離身即身
邀來難狀　覓去無因
這箇不認　方見那人


형상은 본래 거짓, 그림자가 어찌 참모습이겠는가?
용모가 존재하나 용모가 아니고 몸을 떠나니 곧 몸이네.
멀리 와서 모습 알기 어렵고 갈 곳을 찾지만 인연이 없다.
낱낱이 부인하고 누구를 볼거나.

———

보경사에 소장된 오암 의민 鰲巖毅旻, 1710~1792 선사 진영에 실린 자찬이다.
이 자찬은 스님의 시문집인 『오암집 鰲巖集』에도 실려 있다. 조선 후기 스
님들은 자신의 진영을 보고 스스로 찬문을 지어 남기곤 하였다. 스님들
은 자찬에서 진영을 그림자, 허깨비라 칭하며 형상에 얽매이지 말고 형

**양종정사오암당대선사진영** 兩宗正事鰲巖堂大禪師眞影

조선 후기, 비단, 121.2×73.2, 포항 보경사 수장고상에 담긴 본질을 꿰뚫기를 촉구했다. 오암 스님도 영찬을 통해 진영에 투영된 스님의 참모습을 보기를 당부했다.

오암 스님은 사명 유정 스님의 7세손이다. 사명문중은 18세기 이후 급격히 쇠락했으나 보경사를 중심으로 한 포항 일대에는 사명 유정 – 송월 응상 – 춘파 쌍언春坡雙彦의 법맥을 계승한 후손들이 19세기까지 번성했다. 오암 스님은 청하淸河, 포항의 옛 지명의 오두촌鰲頭村 출신으로 오암이란 법호는 태어난 마을에서 유래한 것이다.

스님은 1732년에 보경사의 각신 스님에게 출가해 사명 유정의 후손인 계영 수행桂影守行의 법을 이었다. 내전內典과 외전外典에 해박하여 많은 이들이 스님에게 배움을 청했고, 대중은 스님을 '영남종장嶺南宗丈'으로 추앙했다. 스님은 경학과 수행만이 아니라 문장에도 뛰어나 많은 시문을 남겼다. 스님이 입적하자 보경사에서는 승탑과 비를 세우고 진영을 제작해 모셨으며, 스님의 시문을 목판에 새겨 사중에 보관토록 하였다.

진영 속 오암 스님은 살집이 있는 동안童顔에 신체는 크고 마른 듯 허리를 꼿꼿하게 세우고 결가부좌하고 있다. 실제 지연止淵 남경희南景羲, 1748~1812는 『오암집』 발문에 1777년 내원산 대비암에서 스님을 뵙던 일을 회상하며 '얼굴 생김새는 큼직하면서 강직해 보이고 자태는 고고하고 서늘하여 한눈에도 비범해 보였다'고 평했다.

응암 낭윤<sup>應庵郎允</sup>

# 송광사 학풍 드높이다

一枝菴中舊主翁  喚不應覓不見者
數十年待機而發  隋緣而現維我
應庵和尙天眞面目超然氣宇
雲門生初月  消壁掛新鏡

일지암에서 옛 주인을 찾으니 불러도 대답이 없고 찾아도 보이질
않는다.
몇십 년을 근기 따라 설법하고 인연 따라 마음 보이더니
응암 화상 천진면목 초연한 기개로
운문에 초승달이 뜨니 새로운 거울을 없는 벽에 건다.

―

금명 보정 스님이 새로 조성해 영각에 모신 응암 낭윤<sup>應庵郎允, 1718~1794</sup>
선사 진영의 영찬이다. 응암 스님은 15세에 칠불암으로 출가해 18세에
송광사 풍암 세찰 문하에 들었다. 풍암 스님에게는 많은 제자들이 있었

**응암당대화상진영**應庵堂大和尙眞影
근대, 면, 115.8×55.0, 순천 송광사 풍암영각

으며 그 가운데 묵암 최눌, 응암 낭윤, 제운 해징霽雲海澄, 벽담 행인碧潭幸仁을 세상에서는 '풍암하사걸楓巖下四傑'이라 불렀다.

응암 스님은 특히 사형인 묵암 스님과 사이가 돈독했다. 두 스님은 함께 제산諸山의 종장宗匠들을 찾아 가르침을 받았으며, 운수행각을 마친 후 스승인 풍암 스님에게 돌아가 함께 건당식建幢式을 했다. 이후에도 서로 아끼며 일생의 도반으로서의 삶을 같이했다. 응암 스님이 쌍봉사에서 개강을 하자 묵암 스님은 곁에 머물며 강학에 도움을 주었으며, 1750년에 풍암 스님이 영해 약탄을 회주로 청해 송광사에서 화엄법회를 개최하자 묵암 스님을 도와 대회를 마무리했다. 또한 1759년 두 스님은 풍암 스님을 회주로 모시고 송광사에서 화엄대회를 다시 개최하여 송광사의 학풍을 대외적으로 드높였다. 이에 풍암 스님은 스님들에게 신의信依를 전수했다. 출가한 지 62년 되던 1794년에 응암 스님이 입적하자 제자들이 정성을 모아 진영을 제작해 송광사와 칠불암에 모셨다.

20세기 초 송광사 부휴문도들 간에는 선대 스님의 진영과 승탑을 세워 추모의 예를 다하자는 움직임이 일어났다. 이에 1911년 응암 스님의 7세손인 금명 스님은 함호涵湖 장로와 뜻을 모아 스님의 진영을 새로 제작하고 풍암 스님 진영 아래 묵암 스님 진영과 좌우를 이루는 곳에 봉안하여 부휴문중에서 응암 스님이 지닌 위상을 견고히 했다. 응암 스님의 행장과 진영이 새로 조성된 사연, 그리고 영찬은 금명 스님의 시문집인『다송문고茶松文稿』와『다송시고茶松詩稿』에 전한다.

# 자재 自在 의 즐거움 아는 화엄종장

扣寂堂中主
課虛席上賓
訥言兼耳食
閑坐黙庵賓
可笑黙庵翁
眼盲耳又聾
混沌尙不死
消息正虛融

적묵당을 두드리는 주인은
빈자리를 마련해야 할 최고의 손님
어눌한 말을 그대로 믿고
한가로이 앉아 있는 묵암도 손님
참으로 우스운 묵암 늙은이는
눈멀고 귀 또한 먹었다.
어지러움을 오히려 죽이지 않고도

189

**묵암당대화상진영**黙庵堂大和尚眞影
1858, 종이, 98.2×62.5, 순천 송광사 풍암영각

소식은 바르고 고요하다.

———

묵암 최눌黙庵最訥, 1717~1790이 자신의 진영을 바라보며 지은 자찬이다. 선사들의 자찬이 그러하듯 묵암 스님 역시 호號인 '묵암黙庵'와 자字인 '이식耳食' 등을 문장에 녹여 눈멀고 귀먹은 늙은이지만 자재自在의 즐거움을 아는 이로 자신을 서술했다.

묵암 스님은 송광사의 풍암 세찰의 문하에 입문하여 부휴 선수 – 벽암 각성 – 취미 수초 – 백암 성총 – 무용 수연 – 영해 약탄으로 이어지는 부휴문중의 적전嫡傳을 이었다. 묵암 스님이 활동하던 시기 송광사에서는 1750년과 1759년에 영해 스님과 풍암 스님을 회주會主로 모시고 대규모 화엄대회를 연이어 개최할 정도로 화엄사상이 꽃피었다. 묵암 스님은 이 두 번의 화엄법회에 참여해 성공적인 마무리를 이끌어내었고, 선대의 영향을 받아 『화엄경』의 요체를 정리한 『화엄과도華嚴科圖』를 저술하기도 했다. 이외에도 묵암 스님의 저술서로는 중요 경전의 요점을 요약한 『제경회요諸經會要』와 시문집인 『내외잡저內外雜著』 등이 알려져 있다. 또한 운봉 대지雲峰大智 스님이 1687년에 저술한 『심성론心性論』을 주제로 연담 유일과 논쟁을 펼쳤던 내용을 정리한 『심성론』이 있으나 현재 전하지 않는다.

스님이 출가한 지 54년 되던 1790년에 송광사 보조암에서 입적하자 제자들은 묵암 스님의 진영을 보조암에 걸고 비전婢殿에 승탑을 세웠다. 현재 송광사 풍암영각 楓巖影閣에 모셔져 있는 묵암 스님의 진영은 입적 당시의 진영이 아니라 문손인 용운 처익 龍雲處益, 1813~1888이 1858년에 새로 조성한 것이다. 어떤 이유인지 새로 조성된 묵암 스님 진영에는 자찬이 적혀 있지 않고 묵암 스님의 유고집인 『묵암대사시초 默庵大師詩抄』에도 수록되지 않아 알려지지 않았다.

다행히 1965년 송광사에서 『대승선종조계산송광사지』 2001 개정본 참고를 간행하면서 사중에 전하는 영찬을 행장에 기록하면서 오늘날까지 전하고 있다.

괄허 취여 括虛取如

# 그림자 없는 달

七十年間事
依俙夢中人
澹然同水月
何有去來身
幻來從幻去
來去幻中人
幻中非幻者
是我本來身

칠십 년간의 일이
어렴풋한 꿈속 사람으로
담연한 물속 달과 같이
어떻게 가고 오는 몸이 있을까?
허깨비로 와서 허깨비를 좇아 가니
오고가는 것이 허깨비 사람으로
허깨비 가운데 허깨비 아닌 것이

**괄허당대선사취여진영**括虛堂大禪師取如之眞影
조선 후기, 비단, 98.0×64.6, 김천 직지사 직지성보박물관

이것이 나의 본래 몸이다.

―――

1789년 4월 15일 김룡사 양진암의 방장 괄허 취여 括虛取如, 1720~1789 스님
은 이 임종게를 남긴 후 좌탈했다. 문도들은 괄허 스님의 진영을 제작해
양진암에 모셨으며 현재까지 진영은 김룡사에 그대로 전한다. 진영에는
비록 영찬이 없으나 괄허 스님이 남긴 임종게는 내용상 자찬이라 해도
무방할 것이다.

괄허 스님은 어릴 때 경서, 사기, 자전 子傳 등을 잠깐 들어도 외울 정도로
총명했으며, 대승사로 출가한 후에는 계율을 철저히 지키고 교학에 해박
함을 보여 어른 스님들은 불법의 동량 棟梁 이 될 재목이라며 귀히 여겼다.
스님은 여러 지역을 유력하며 가르침을 받은 후 돌아와 환암 幻庵 장로에
게 선지 禪旨, 환응 담숙 喚應談䎘 스님의 의발 衣鉢 을 전수받았다. 법사인 환
응 스님은 환성 지안의 법맥을 계승한 포월 초민의 4세손이다. 18세기 전
반 환성문중은 영남과 호남에 빠른 속도로 확산됐으며 이 가운데 포월
스님과 그의 제자들은 안동, 영주, 문경, 상주 등 영남의 북동부 지역에
주석하면서 가장 영향력 있는 문중을 형성했다. 괄허 스님 역시 이를 기
반으로 운달산 김룡사, 사불산 대승사, 노음산 남장사에 머물면서 제자
를 길러내고 쇠락한 가람을 일으켜 승풍을 진작했다.

100여 년이 지난 1887년에 후손인 두암 서운 杜巖瑞芸과 혜운 치민 惠雲致敏
등은 괄허 스님의 유고를 모아『괄허집 括虛集』을 김룡사 양진암에서 간행

했다. 이 책에는 300여 편의 시와 여러 사찰에서 일어난 불사에 관한 글도 수록되어 있다. 특이하게 『괄허집』에는 스님의 법호인 '괄허括虛'를 해석한 글과 법명인 '취여取如'를 '산승은 물속 달을 편애하기에 밝은 달과 차가운 물을 작은 병에 담아 돌아와 돌 수각에 쏟아 붓고 정성을 다해 휘저어 봐도 달그림자 없다 山僧偏愛水中月 和月寒泉納小瓶 歸到石龕方瀉出 盡情攪水月無形'로 표현한 시가 실려 있다.

# 형상 속의 참모습

爾是眞耶 我是眞耶
若據本來人面目
則二皆非眞
咄 秋水連天
乾坤若無
廓落無影
色相何求

네가 참모습이냐. 내가 참모습이냐.
만약 본래 모습에 의거한다면
둘 다 참모습이 아니다.
아, 가을 물은 하늘과 이어져
하늘과 땅이 없는 것 같다.
성곽이 무너져 그림자도 없으니
색과 모양에서 무엇을 구하려는가?

**청허제육세영파당대선사진영**清虛第六世影波堂大禪師之眞

1883, 면, 116.0×76.2, 예천 용문사성보유물관

예천 용문사에 소장된 영파 성규影波聖奎, 1728~1812 선사 진영에 실린 자찬
이다. 이 글은 영파 스님이 완성된 자신의 진영을 보고 지은 것이다. 영
찬에는 그림 속과 현실 속 자신 가운데 어떤 것도 '참모습眞'이 아니며 빛
깔과 형상에 구애받지 말라는 경구가 담겨 있다. 형상에 현혹되지 말고
참모습을 찾기를 원했던 영파 스님의 바람은 석가모니 부처님께서 입멸
을 앞두고 제자들에게 다르마法를 등불 삼아 수행하라는 가르침과 상통
한다.

부처님의 유훈에도 불구하고 불상과 불화를 조성해 부처님을 예경하였
듯 선사의 당부에도 남겨진 제자들은 진영을 제작해 기리고자 하였다.
비록 진영이 스승의 그림자에 불과하지만 그 속에서라도 참모습을 뵙고
자 했던 제자들의 애틋한 마음을 이해한 듯 서산 스님은 자신의 진영을
보고 '80년 전에는 네가 나였으나 80년 뒤에 내가 너이겠구나八十年前渠
八十年後我是渠'라는 찬을 남겨 이들의 뜻을 품고자 했다.

영파 스님은 서산 스님의 6세손으로 편양 언기, 환성 지안, 함월 해원의
법맥을 계승했다. 스님은 대흥사 12대강사의 반열에 오를 정도로 교학,
선, 염불에 해박하였으며 은해사 운부암에 주석하면서 많은 제자들을 배
출했다. 스님이 입적하자 스님을 따르던 문도는 은해사에 승탑과 비문
을 세우고 은해사와 운부암을 비롯해 김룡사 화장암, 용문사, 통도사 등
에 진영을 봉안했다. 통도사를 제외한 다른 사찰은 하나의 본本을 가지
고 모사한 듯 표현이 서로 유사하다. 다만 용문사본인 경우 영찬 말미에
1883년 3월 다시 그린 기록이 있다癸未三月日 六世孫雪海珉演盥于焚香改造. 진

영을 그린 설해 민정 雪海珉淨은 19세기 후반 경상북도에서 이름을 떨치던 화승 畵僧으로 영파 스님의 6세손이다. 설해 스님은 진영을 다시 그리면서, 선사 先師의 참모습을 지키며 다른 진영에서 볼 수 없는 인자함을 더하였다.

영산회괘불도, 상주 남장사
영파 스님은 1788년 남장사 영산회괘불도 제작에서 증명을 맡았다.

# 정조가 탄복한 문장가

師之來也  閒雲無心
師之去也  獨鶴長吟
盖其威武之不能屈
富貴之不能淫
孰謂出處之灑落  反在叢林
我來求師  雲散鶴杳
惟此一片之影  豈其七分之肖
冥冥太虛之外  必有心領而神會


스님이 오시니 한가로운 구름 무심하고
스님이 가시니 외로운 학이 길게 우네.
그는 위협으로도 굴종시키지 못하고
부귀로도 유혹하지 못했다.
누가 출처의 쇄락함이 도리어 총림에 있다 했는가?
내가 스님을 찾으니 구름은 흩어지고 학은 아득한데
오직 이 작은 진영으로 어찌 조금이라도 닮았다 할까.

**인악당대사의첨진영**仁嶽堂大師義沾眞
조선 후기, 비단, 124.5×93.0, 대구 동화사성보박물관

멀고 먼 태허 밖이니 반드시 마음으로 깨달아야 알 것이다.

———

추사 김정희 金正喜, 1786~1856 의 『완당전집 阮堂全集』에 실려 있는 인악 의첨 仁嶽義沾, 1746~1796 스님의 영찬이다. 찬문에도 밝혔듯이 김정희는 인악 스님의 진영을 참배하며 영제 影題 를 지었으며 그 시기는 아버지인 김노경 金魯敬 이 경상도감찰사로 재직하였던 1816~1818년경으로 추정된다.

인악 스님은 조선 후기에 연담 유일 스님과 쌍벽을 이룰 정도로 강백으로 이름이 높았다. 성산이씨 집안 출신으로 18세에 용연사에서 학업을 닦던 중 스님의 자비 慈悲 에 마음이 일어 출가하였다. 벽봉 덕우 碧峰德雨 스님에게 구족계를 받고, 『금강경』, 『능엄경』 등을 배우고, 선재동자가 참역하듯 서악 西嶽, 추파 秋波, 농암 聾巖 등 이름 난 스님들을 찾아 가르침을 받은 후 22살에 다시 돌아와 벽봉 스님에게 인가를 받아 강원을 개설하였다. 이로써 인악 스님은 상봉 정원 이후 운악 옥준 雲岳玉俊, 취성 명열 醉惺明悅, 벽봉 덕우 등 팔공산을 거점으로 한 상봉문중의 법맥을 계승하였다. 이밖에 인악 스님은 당시 동국화엄종 東國華嚴宗 으로 칭송받던 설파 상언 스님을 찾아가 화엄학을 수학하고 후학을 위해 사교와 화엄에 관한 사기 私記 를 저술하였다. 1790년에는 정조가 현릉원의 수복사 修福寺 로 용주사를 창건하자 증명법사로 대웅전의 삼세불상의 불복장문 佛腹藏文 등을 지었는데 이를 살펴본 정조는 스님들 가운데 문장에 능한 이가 있음을 매우 기뻐하며 석장을 하사하였다. 이처럼 인악 스님은 문장에 뛰어났으며 수많은 시문은『인악집仁嶽集』1797에 편집되어 동화사에서 간행되었다. 스님이 입적하자 출가 사찰 용연사에는 승탑과 영당이 세워졌으며 설법처인 동화사에는 진영이 모셔지고 공덕비1808가 세워졌다.

시절인연이 달라 김정희는 정조가 탄복했던 문장을 남긴 인악 스님을 만날 수 없었으나 스님의 자취인 진영을 친견하며 그 아쉬움을 달랬을 것이다. 인악 스님 진영은 현재 동화사에만 남아 있으며 찬문이 적히는 붉은 난欄에는 '찬게판벽상讚揭板壁上'이란 묵서만 있을 뿐이다. 진영 옆에 걸렸다는 목판의 상찬이 김정희의 영찬인지는 오로지 인악 스님만이 알 것이다.

관월 경수冠月景修

# 영남 중남부 사찰 대표 선지식

冠西山冠
衣箕城衣
嘉錫以月
一輪同歸

이름은 서산의 이름이요
가사는 기성의 가사이다.
아름다운 주석처의 달이
한 모습으로 함께 돌아간다.

표충사에 모셔진 관월 경수冠月景修, 18세기 후반~19세기 초 활동 선사 진영에
실린 영찬이다. 관월 스님은 서산 휴정 스님의 6세손이자 기성 쾌선 스님
의 3세손이다. 17세기 후반 상봉 정원이 동화사에 정착한 후 경상도 일대
에는 서산 휴정과 편양 언기의 정맥을 계승한 상봉문도가 퍼져 나갔다.

**관월도대선사경수진영** 冠月都大禪師景修之眞
조선 후기, 모시, 111.5×83.0.0, 밀양 표충사 영각, 경상남도 유형문화재 제268호

관월 스님의 행적은 전하지 않으나 1772년 송림사에 세워진 기성 스님 탑비에 스승인 보월 혜징 스님과 함께 이름이 올라 있으며, 1807년에 표충사 전각과 요사, 비각을 중수하는 불사를 주관했다. 또한 입적 후 표충사에는 진영이 모셔지고 운문사에는 스님의 승탑이 세워졌다. 비록 단편적인 자료이지만 관월 스님은 조선 후기 송림사, 운문사, 표충사 등 영남 중남부 사찰에서 영향력 있는 스님으로 활동했던 것으로 추정된다.

진영 왼편 속도감 있는 필치로 써 내려간 짧은 영찬 말미에는 찬자의 호號인 '만재晩齋'가 적혀 있다. 조선 후기에 만재라는 호를 사용한 이는 김세균金世均, 1812~1879 과 홍낙섭洪樂燮, 1874~1918 등이 알려져 있다. 두 인물 모두 서예에 능했는데 관월 스님 진영의 제작 시기를 고려하면 찬자는 김세균으로 추정된다.

김세균은 조선 후기 문신으로 1841년헌종 7 정시 문과에 급제한 후 철종과 고종 대에 경상도관찰사, 대사헌, 이조판서, 공조판서, 수원유수 등의 관직을 역임했다. 1860~1862년에 경상도관찰사로 재직하는 동안 선정을 베풀어 이를 기리는 청덕선정비淸德善政碑, 1863 가 세워지기도 했다.

관월 스님 진영의 찬문도 김세균이 관찰사로 머물던 시기에 지어졌을 것으로 생각되며 더 나아가 찬문의 글씨도 김세균의 친필일 가능성을 배제할 수 없다.

관월 스님을 뵌 적이 없는 찬자는 미사어구로 스님을 칭송하기보다 법호인 관월冠月을 담백하게 살려 스님의 원류源流와 회향처를 노래했다.

금파 묘화 錦波妙華

# 태화산 빛! 마곡사 대공덕주

覺一切種智　具三十二相
濟寶筏　開塵障
咽琉舌瑚　髮金眉璜
惟明鏡臺非盡
可彰遺法在空
只見泰華長住光

일체종지를 깨달아 삼십이상을 갖추었고
보배의 뗏목으로 진장을 열어 건너니
목은 유리 같고 혀는 산호 같으며
금빛 머리에 눈썹은 신비롭다.
오직 명경대가 다하지 않았고
뚜렷하게 남긴 법은 비어 있어
다만 태화산에 오래도록 빛남을 보네.

**대공주금파당묘화지진** 大功主錦波堂妙華之眞
1861, 모시, 108.9×74.1.1, 공주 마곡사 진영각

마곡사에 모셔진 금파 묘화錦波妙華, 1785~1794 활동 선사 진영에 실린 송하
松下 조윤형曺允亨, 1725~1799의 영찬이다. 조윤형은 정조대에 호조참의, 공
조참판, 지돈녕부사를 역임하였고 동국진체東國眞體를 완성한 백하 윤순
1680~1741의 사위이자, 원교 이광사1705~1777에게 글씨를 배워 명필가로
크게 이름을 떨쳤다. 불교와도 인연이 깊어 '황악산 직지사黃岳山 直指寺'
편액1770, 유점사 풍악당대사비楓嶽堂大師碑, 1774, 신흥사 대원당대선사비
大圓堂大禪師碑, 1792의 글씨를 썼으며, 마곡사 '심검당尋劍堂' 편액 역시 조윤
형의 글씨이다. 다만 금파 스님의 진영에 적힌 영찬은 조윤형의 글일 뿐
친필은 아니다. 아마도 1861년에 마곡사에서 스님의 진영을 조성할 때
옮겨 적은 것으로 생각된다.

금파 스님은 서산 휴정의 9세손으로, 청암 학종青巖學宗, 미상~1780에서 제
봉 체주霽峰體珠, 1780~1788 활동로 이어지는 법맥을 계승했다. 청암 스님은
18세기 후반 이층 전각인 대웅보전이 기울자 찬명讚茗, 체주 등에게 전각
을 중수토록 하여 1780년에 마무리했다. 청암 스님에 이어 마곡사 불사
에 앞장선 분은 제봉 스님이다. 1782년에 대화재로 마곡사의 수십여 칸
의 전각이 소실되자 제봉 스님은 도화사都化士로 나서 1785년에 대광명전
을 중창하고, 1797년에 심검당을 건립했다. 이처럼 18세기 후반 청암문
중은 사찰 운영에 적극적으로 참여하며 마곡사의 주요 문중으로 의무를
다하였고 후손들 역시 그 역할을 이어 갔다. 제봉 스님 다음으로 문중을
이끈 분이 진영의 주인공인 금파 스님이다.

현재 금파 스님이 마곡사를 위해 어떤 역할을 하였는지 명확하지 않으나

후손들은 '대공덕주大功德主'로 기억하며 스님의 진영을 제작해 존숭의 예를 다했다. 비록 기록이 전하지 않으나 금파 스님 진영에 남겨진 영찬은 스승이 주관하는 불사를 돕기 위해 조윤형에게 심검당 편액 글씨를 부탁했을 스님의 모습과 출가자의 수행 본분에 매진해 그 명망名望이 사대부에게도 알려졌을 스님의 평소 삶을 떠오르게 한다.

청봉 거안 靑峰巨岸

# 두타와 화엄의 지음 知音

夏雲白 春峰靑
雲白非是白 峰靑不是靑
廣行頭陁兮 月白雪白道心白
遍懺華嚴兮 天靑海靑慧眼靑


여름 구름 희고 봄 산봉우리 푸르다.

구름은 희나 흰 것이 아니요 산봉우리 푸르나 푸른 것이 아니니

널리 두타행을 행하면 달도 희고 눈도 희고 도심도 희다.

화엄참을 펼치니 하늘이 푸르고 바다도 푸르고 지혜의 눈도 푸르다.


불갑사에 소장된 청봉 거안 靑峰巨岸, 18세기 후반 활동 선사 진영에 실려 있는 영파 성규의 영찬이다. 이 글은 영파 스님이 80세인 을축년 1805 봄에 지은 것이다. 진영의 주인공 청봉 스님과 찬자 撰者 영파 스님은 모두 호

**청봉당대선사진영**晴峰堂大禪師眞影
조선 후기, 면, 102.0×77.0, 영광 불갑사성보박물관

암 스님의 손상좌이다. 스승으로 청봉 스님은 호암 체정을 모시고, 영파 스님은 함월 해원을 모셨다. 청봉 스님은 행장이나 비문이 전하지 않지만 그의 법맥은 율봉 청고 栗峰青杲, 1738~1823 를 거쳐 경허 성우 鏡虛惺牛, 1849~1912 로 이어져 현대 한국불교의 근간을 이루고 있다.

단편이지만 청봉 스님의 수행 생활을 유추할만한 기록들은 18세기에 활동한 스님들 문집에서 찾을 수 있다. 『몽암대사문집 夢庵大師文集』에는 해인사 대장전에 올리는 공양이 부족하고 새벽과 밤에 대장경을 수호하고 청소할 이가 없자 청봉 스님이 불량계 佛糧契 를 모집한 일이 기록되어 있다. 당시 스님은 호남에 주석하면서 해인사 대장전을 위해 자신의 의발衣鉢을 팔고 빈부고하를 막론하고 천릿길을 나서 계원을 모집할 정도로 서원 誓願 을 이루기 위한 강인한 의지와 활동을 펼쳤다. 또한 뛰어난 제자들을 양성할 정도로 수행자로서의 역량 또한 뛰어났다. 함월 스님은 '나의 거문고가 서쪽에서 온 곡조를 연주하자 吾將三尺琴 彈出西來曲, 그 소리를 아는 이 세상에 없고 오직 스님만이 알고 되돌아보네 塵世少知音 惟師還識得'라는 글을 청봉 스님에게 주며 그의 자질을 인정하였다.

청봉 스님의 진면목은 함월 스님의 제자인 영파 스님이 그 누구보다 잘 알았을 것이다. 두타행으로 도심 道心 이 희고 화엄참으로 지혜의 눈이 푸르다는 찬문의 글귀는 선과 교학의 행함과 밝음에 막힘이 없는 청봉 스님에 대한, 동시대를 살아간 영파 스님의 예우와 존경이 담겨 있다.

도봉 유문 道峯有聞

# 도봉이 옳은가 그른가

頂骨聳翠 若山之成峯

巒坐然有爲道氣像

所以號道峯者 是也歟曰非也

師之所證之道 卽无明實性及幻化空身也

道峯之號 在世時從其俗也

정수리에 솟은 푸름은 마치 산의 봉우리와 같고

넓게 앉은 장엄함은 도의 기상을 이루었네.

도봉이라고 부르는 것이 옳은가! 그른가!

스님이 증득하신 도는 무명실성과 환화공신이니

도봉이라는 부르는 것은 속세에 있을 뿐이네.

---

운문사에 모셔진 도봉 유문 道峯有聞, 1786~1800 활동 진영에 실린 웅허 의진
의 영찬이다. 가야산인 伽倻山人 웅허 스님의 행장은 알려진 바가 없으나

**도봉당대선사유문진영** 道峯堂大禪師有聞眞影

조선 후기, 면, 114.5×74.0, 청도 운문사 조영당

1903년에 쌍계사 단확기 丹艧記를 지은 것으로 보아 도봉 스님 영찬도 19세기 말에서 20세기 초에 쓴 것으로 보인다.

도봉 스님은 설송 연초의 3세손이자 태허 남붕의 제자로, 강주 講主로 이름이 높았다. 특히 화엄에 해박하여 의상 스님의 「법성게」를 해석한 『대방광불화엄경법성게과주 大方廣佛華嚴經法性偈科註』를 저술하기도 했다.

운문사는 도봉 스님만이 아니라 설송 연초, 태허 남붕, 그리고 제자 성파 현척 聖坡賢陟 등 4대 代의 진영과 승탑이 모셔질 정도로 설송문중의 세거 世居 사찰이다.

도봉 스님은 1780년경에 주석처를 은해사 백흥암으로 옮겨 영산전을 중창하고 감로도를 제작하는 등 불사에 앞장섰으며, 그곳에서 여러 제자를 길러냈다. 입적 후 스님의 진영은 운문사와 은해사, 은해사 백흥암에 모셔졌다.

세 사찰에 모셔진 진영들은 '정수리에 솟은 푸름은 산봉우리와 같다'는 찬문대로, 누가 봐도 같은 분을 그렸다는 생각이 들 정도로 모두 정수리가 불룩 솟아 있다. 차이라면 은해사 진영이 노년의 스님을 묘사했다면 운문사 진영은 이보다 젊은 시절을 표현했다는 점이다.

스님의 이 같은 외모는 진영에 고스란히 담겨 후손들에게 각인됐고, 응허 스님도 이런 특징을 '도봉 道峯'이라는 법호와 실어 스님이 이룬 깨달음의 깊이를 찬탄했다.

# 영호남을 들썩인 대강백

氣像魁梧山聳雲衢
度量昭廓月明滄海
圖七分奉安精舍
宜乎雲仍永世敬仰

기상의 장대함은 구름 위에 산 솟은 듯하고
도량의 크기는 밝은 달이 창해에 뜬 듯하다.
진영의 모습을 정사에 봉안하여
칠팔 대 손들도 영원히 우러러 공경하리라.

—

問氣挺生　敎海沖融
粹然傑魁　寔繁龍象
行潔秋水　於千萬載
心貫寶月　橡塔唯崇

幻海堂大和尚之真影 門人

氣像魁梧山聳雲僧　　間氣挺生　教海冲融
度量昭廓月朗滄海　　粹然傑魁　宴繁龍衆
圖七分兮奉安精舍　　行契秋水　於千萬載
宜子雲仍求世敬仰　　心貫霽月　佛塔惟崇
法門孫弟子枕溟翰惺敬讚　　五世孫浩鵬振洪灆讚

**환해당대화상진영** 幻海堂大和尚眞影
근대, 면, 116.0×54.3, 순천 송광사 풍암영각

빼어난 기상을 물으면 교해를 융섭하고
순수하고 호걸함이 용상을 번성한다.
수행의 청결함이 가을 물인 듯 천만년 흐르고
마음의 보월을 꿰뚫으니 탑상이 오히려 존중한다.

———

송광사에 모셔진 환해 법린幻海法璘, 1749~1820 선사 진영에 실린 손제자 침명 한성枕冥翰醒, 1801~1876과 5세손인 호봉 진홍浩鵬振洪, 1863~1937이 올린 영찬이다. 환해 스님은 부휴 선수의 후손으로, 송광사에서 번성한 무용 수연 – 영해 약탄 – 풍암 세찰 – 묵암 최눌의 법맥을 계승했다.

환해 스님은 16세에 능가사에서 출가해 송광사 묵암 스님에게 가르침을 받았다. 스님의 뛰어난 자질을 한눈에 알아본 묵암 스님은 환해 스님이 삼장三藏을 통달하자 법인法印을 전수했다. 스님이 송광사 보조암에서 강학을 시작하자 수많은 학인들이 모여들었고 강론으로 환해 스님의 명성은 영호남을 들썩였다. 출가한 지 56년이 되던 해인 1820년에 능가사 만경암萬景庵에서 입적하자 제자들은 송광사에 승탑을 세우고 보조암에 진영을 모셨다.

한동안 스님 진영에는 영찬이 없었는지 손상좌인 침명 스님이, 환해 스님이 후대에 길이 봉사되길 바라는 마음을 담아 찬문을 올렸다. 침명 스님의 마음이 전해진 듯 5세손인 호봉 스님은 1919년에 환해 스님의 비를 송광사에 세웠다. 또한 진영이 새로 조성되자 침명 스님 영찬 옆에 선

환해화상탑, 순천 송광사

교禪敎에 깊고 깊은 경지를 보여 주셨던 환해 스님을 찬탄하는 글을 지어 올렸다.

# 팔공산 사찰 중흥한 불문의 사표師表

澄江皓月
是謂法身
我本圓寂
即假而眞

물 맑으니 달 밝다.
이는 법신을 말한다.
나의 본래 원적은
거짓이나 참모습이다.

---

은해사에 소장된 징월 정훈澄月正訓, 1751~1823 선사 진영에 실린 희곡산인
希谷散人 의 영찬이다. '희곡'은 이지연李止淵, 1777~1841 의 호號이다. 징월 스
님은 1820년 금강산을 유람하고 서울에 머물면서 영남관찰사를 지낸 김
이양金履陽 을 비롯해 당대 명사인 조만영趙萬永 , 조인영趙寅永 , 이지연 등

**양종정사징월당대선사진영** 兩宗正事澄月堂大禪師之眞影
조선 후기, 비단, 115.5×69.5, 영천 은해사성보박물관

과 시를 주고받으며 교우를 맺었다.

이 가운데 영남관찰사로 부임한 이지연은 입적한 스님을 위해 1829년 찬문을 짓고 유고집인 『징월대사시집 澄月大師詩集』의 서문을 남겼다. 그는 영찬에서 스님의 법호인 '징월 澄月'을 법신에 비유하며 참모습을 찾았음을 표현했다.

징월 스님은 서산 휴정의 후손으로 기성 쾌선의 4세손이자 관월 경수 冠月 景修의 제자이다. 스님은 불문의 사표 師表로 존경을 받았으며, 뛰어난 시 詩로 사대부 사이에서 명승 名僧으로 꼽혔다. 또한 폐사된 수도사를 중창하는 한편 동화사, 은해사, 지장사, 압곡사 등 팔공산 자락에 위치한 사찰을 중흥하는 데 힘을 더했다. 스님이 은해사 운부암에서 입적하자 진영이 운부암과 수도사에 모셔졌다.

은해사의 징월 스님 진영 뒤에는 '계미삼월 일봉안 癸未三月 日奉安'이란 묵서가 있다. 행장에 따르면 계미년 2월에 스님이 시적하자 제자들이 스님의 공덕에 감사하며 진영을 제작했다고 한다. 이 기록대로라면 은해사 진영은 징월 스님이 입적한 직후 제작된 것이다.

진영 속 스님은 다른 진영과 마찬가지로 가사장삼을 갖춰 입고 양손에 주장자와 장염주를 쥔 채 결가부좌하고 있다. 다만 행장에서 진영 제작을 "寫", 즉 '베길 사'라 표기한 대로 스님을 미화하지 않고 돌출된 턱과 튀어나온 입술을 그대로 묘사해 사실성을 높였다.

# 추사가 알아본 유·불·도 대선사

海鵬之空兮 非五蘊皆空之空

卽空卽是色之空 人或謂之空宗 非也

不在於宗 又或謂之眞空似然矣

吾又恐眞之累其空 又非鵬之空也

鵬之空卽鵬之空

空生大覺 是鵬之錯解

鵬之獨造獨透 又在錯解中

當時 一庵 栗峰 華岳 畸庵 諸名宿

各有見識 與鵬相上下

其於透空 似皆後於鵬之空

昔有人云 禪是大潙 詩是朴

大唐天子只三人

鵬是大唐天子之禪也耳

尙記鵬眼細而點 瞳碧財人

雖火大滅灰寒 瞳碧尙存

見此三十年後 落筆呵呵大笑

**해붕당대화상진영** 海鵬堂大和尙眞影
조선 후기, 비단, 84.5×77.0, 순천 선암사성보박물관

## 歷歷如三角道峰之間

해붕의 공은 오온개공의 공이 아니라
공즉시색의 공으로, 사람들은 공종이라 하는데 아니다.
종宗이 있지 않다.
또는 진공眞空이라 말하는데 그런 것 같다.
내가 걱정하는 것은 진眞에 매인 공이라면 해붕의 공이 아니다.

해붕의 공은 해붕의 공이다.
공에서 큰 깨달음이 생긴다는 것은 해붕이 잘못 해석한 것이고
해붕이 독창적이고 빼어났다는 것도 또한 잘못 알고 있는 것이
다.
당시 일암, 율봉, 화악, 기암 등 여러 지혜로운 이들이
각각의 견해와 식견을 나타내는데 해붕과 더불어 서로 상이했다.
빼어난 공空은 다 해붕의 공 이후인 것 같다.


옛사람이 말하기를 선禪의 큰 스승은 위산潙山이요, 시詩는 주박
周朴으로
대 당나라에 천자天子와 함께 세 사람이라 했다.
해붕은 당나라 천자의 선禪일 뿐이다.
생각해 보면 해붕은 눈이 가늘고 작으나 눈동자가 푸르고 재주가
많은 사람으로

비록 화장해서 차가운 재가 되었어도 푸른 눈동자는 늘 있는 것
같다.
이것을 삼십 년 이후 보고 붓을 놓고 크게 웃을 것이
도봉산과 삼각산 사이에 있었던 일같이 역력하다.

———

추사 김정희가 해붕 전령海鵬展翎, 미상~1826을 위해 올린 영찬이다. 해붕
스님은 유·불·도儒·佛·道의 폭넓은 이해를 기반으로 유교, 도교와 비
교할 수 없는 불교의 수승함을 설파할 정도 뛰어난 대선사였다. 이러한
해붕 스님의 수행과 학식의 깊이를 알아본 이가 바로 추사 김정희였다.
1820년대 김정희는 서울 도봉산과 삼각산에서 해붕 스님과 교류하면서
다른 어떤 스님들에게도 찾을 수 없던 스님만의 공空사상에 강한 인상을
받았다. 그 여운은 30년이 지난 후에도 잊히지 않고 해붕 스님의 제자 법
운法雲 스님의 청으로 지은 영찬으로 승화됐다.
선암사에 모셔진 해붕 스님 진영에는 추사의 서체로 써진 찬문과 함께
그가 다비의 불꽃 속에서도 소멸되지 않을 것 같다던 스님의 푸른 눈동
자를 연상케 하는 푸른 눈빛瞳碧 형형한 해붕 스님의 모습이 표현되어
있다.

눌암 식활<sup>訥庵識活</sup>

# 호랑이 외호하고 비둘기는 경청

山澤間癯容
能調禽馴獸
相對道氣喜
三十年如一日

깊은 산골짜기 수척한 얼굴로
능히 새와 짐승을 길들이고
깊어 가는 수행의 즐거움에
삼십 년이 하루와 같았네.

---

선암사에 모셔진 눌암 식활<sub>訥庵識活, 1752~1830</sub> 선사 진영에 실린 조진화
<sub>趙晉和, 1799~1828 활동</sub>의 영찬이다. 조진화는 순조 연간에 교리, 순천부사,
사간원 대사간, 이조참판 등을 역임했다. 이 찬문은 그가 순천부사로 지
내던 1811년에 지은 것으로 당시 눌암 스님의 세수는 59세였다. 내용만

**눌암대화상진영**訥庵大和尙眞影 諱識活
조선 후기, 마, 128.0×100.8, 순천 선암사성보박물관

보면 이는 영찬이라기보다 스님을 뵙고 나눈 감흥을 전달한 글로 여겨진다.

눌암 스님은 16세에 선암사로 출가해 상월 새봉 – 용담 조관龍潭慥冠 – 혜암 윤장惠庵玩藏의 법맥을 계승했다. 상월 스님이 선암사에서 대화엄법회를 개최하고 화재로 소실된 선암사를 중창하였듯, 눌암 스님도 선암사의 선풍을 진작하고 도량을 일으키는 데 노력을 다했다. 1789년에 스님은 선암사 원통전에서 원자 탄생을 기원하는 백일기도를 주관했고, 순조의 탄생으로 선암사는 왕실의 비호를 받게 됐다. 1797년에는 12조례를 제정해 칠전七殿 선객이 수행 정진에 매진할 수 있게 했고, 1818년에는 화재로 소실된 대웅전, 요사, 누樓를 중건해 오늘날 선암사의 가람을 완성했다.

눌암 스님의 행적 가운데 특히 주목되는 일화는 영찬에 밝힌 '능히 새와 짐승을 길들였다'는 사건이다. 출가 후 스님은 금강산과 묘향산에서 호랑이의 수호를 받으며 수행했다. 이를 상징하듯 진영에는 두 마리의 호랑이가 스님 좌우에 그려져 있고, 상황을 설명한 '의상굴에서 공부할 때 호랑이 두 마리가 삼 년을 외호하였다'와 '묘향산 법왕봉 아래에서 호랑이 한 마리가 한 달 반을 외호하였다'는 글이 적혀 있다. 호랑이뿐만 아니라 경상에는 비둘기가 그려져 있는데, 이 또한 '선암사에서 큰 법회를 열어 설법할 때 비둘기가 날아와 고개를 숙여 설법을 들었다'는 또 다른 이적을 표현한 것이다.

눌암 스님의 수승함을 상징하는 호랑이와 비둘기는 진영만이 아니라 승탑에도 조각될 정도로 제자들에게 중요한 존재로 인식됐다. 이런 인식은

놀암당탑, 순천 선암사

새와 짐승을 길들인 스님의 수행의 깊이를 탄복했던 조진화의 글이 진영에 기록되는 일로 이어졌을 것이다.

퇴은 등혜 退隱等慧

# 우러러 뵈옵고 참배할 뿐…

悟泰宗匠後 登大老慈幌前
平素知 心式句
今玆涅槃示寂
噫上天載無聲無臭
屈食他方 不行筌蹄付授
這箇言外別剒 弗殊摳衣擁帚
眉毛裝帶 瞻仰拜候


크게 깨달아 종장이 된 이후 자비로운 어머니가 되시더니
평소 알고 있는 마음 찾는 일로
이렇게 열반을 보이십니다.
아, 하늘은 소리도 없고 냄새도 없어
다른 곳에서 먹고 자도 다른 도구를 쓰지 않았고
저 하나의 언어 밖에 다른 연장으로 옷을 걷어붙이고 청소를 하
지도 않는다.
진영과 행장을 우러러 뵈옵고 참배합니다.

**부종수교퇴은당대선사진영**扶宗樹教退隱堂大禪師之眞

조선 후기, 비단, 123.0×84.5, 부산 범어사성보박물관

월하 계오가 퇴은 등혜 退隱等慧, 1791~1813 활동 선사를 위해 지은 영찬이다. 퇴은 스님의 진영은 범어사와 통도사에 전하며 이 가운데 월하 스님의 찬문은 범어사의 퇴은 스님 진영에만 실려 있다. 문장에 뛰어났던 월하 스님은 18세기 말부터 19세기 전반 통도사, 석남사, 표충사 등 영남의 크고 작은 사찰에서 일어나는 수많은 불사에 기문을 지었으며 선사들의 영찬도 여러 편 지었다. 그런데 월하 스님의 유고집인 『가산고 伽山藁』를 보면 「동명대사상찬 東溟大師像讚」, 「밀암대사상찬 密庵大師像讚」, 「구룡대사상찬 九龍大師像讚」, 「석담대사상찬 石潭大師像讚」, 「침허대사상찬 枕虛大師像讚」, 「월파대사상찬 月波大師像讚」 등의 영찬은 있으나 퇴은 스님 영찬은 수록되어 있지 않았다. 어찌 보면 범어사 진영에 실린 퇴은 스님 영찬이 유일하다 하겠다.

퇴은 스님은 환성 지안의 후손으로 설송 연초 - 동파 탄학 東坡坦鶴 - 학송 한영 鶴松翰英의 법맥을 계승했다. 퇴은 스님은 1792년 통도사 괘불도를 비롯해 삼장보살도가 제작될 때 통도사의 일원으로 불사에 참여했고, 1800년에는 범어사 청련암의 기문을 짓는 등 통도사와 범어사를 오가며 활동했다. 또한 1813년에는 밀양 표충사의 종정을 맡아 범어사에서 부임하기도 했다. 이처럼 범어사는 퇴은 스님이 주로 머문 사찰이었다. 이후 스님의 법맥은 백암 관홍 栢巖寬弘 - 동곡 지훈 東谷知訓 - 해산 장우 海山壯佑 - 우봉 영원 右峰永願으로 이어졌으며, 근대기 담해 덕기 湛海德基 스님에 이르러 다시 한 번 범어사에서 꽃을 피웠다.

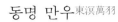

# 사대부에도 회자된 문장가

師何來
渡海一杯
師何去
蓮華深處
靈鷲山 萬樹烟月
白氎紅綃
彩毫端髣髴
生卽生底
滅卽滅底
生滅底了
做不生滅底


스님은 어디에서 오셨습니까?
표주박을 타고 바다 건너
스님은 어디로 가십니까?
연화세계 아주 좋은 곳으로

**선교양종대각등계팔도도총섭동명당만우진영** 禪敎兩宗大覺登階八道都摠攝東溟堂萬羽之眞

조선 후기, 비단, 119.1×76.8, 양산 통도사 영각, 경상남도 유형문화재 제450−30호

영취산 온갖 나무와 안개 낀 달

흰 모포에 붉은 비단

붓끝의 색채로 닮은 듯 그리니

태어나고자 하면 태어나고

죽고자 하면 죽는다.

태어나고 죽음을 아는 것은

생멸하지 않는 수행을 이룬 것이다.

---

통도사에 모셔진 동명 만우東溟萬羽, 1792~1821 활동 선사 진영에 실린 월하 계오의 영찬이다. 진영 속 주인공 동명 스님은 응암 희유, 경파 경심慶坡 敬審의 법맥을 계승한 설송 연초의 4세손이다. 행장은 전하지 않으나 통 도사 영산전 중수1792, 통도사 대법당 중수1809를 비롯해 통도사 불화와 현판 곳곳에 스님의 행적이 남아 있으며, 1821년에 조성된 통도사 극락 암 아미타불회도를 끝으로 자취가 없는 것으로 보아 그 이후에 입적한 것으로 보인다.

찬자인 월하 스님은 부모의 뜻에 따라 출가하여 벽암 각성의 후손인 지 봉 거기智峰巨機에게 법을 받았다. 어려서 교敎와 선禪의 요체를 꿰뚫어 20세에 이미 학인들을 가르쳤고, 스님의 뛰어난 문장과 필체는 불가佛家 의 담을 넘어 사대부에게도 회자되었다. 60세 이후 시문을 짓는 일이 수 행 정진에 방해가 된다 하여 붓을 놓고, 향을 피우고 벽을 바라보며 전심

가산집, 울주 석남사

염송 專心念誦에 매진했다. 제자들은 1853년에 스님의 유고집인 『가산고』
를 간행하였으며 이 책에는 「동명대사상찬」이 수록되었다.

동명 스님과 월하 스님은 서로 출신 문중이 다르지만 통도사의 일원으로
같은 불사에 참여하며 인연을 더해 갔고, 이후 진영의 찬자로서 관계를
완성하였다. 그 누구보다 동명 스님을 이해했을 월하 스님은 달마절로도
강 達磨折蘆渡江을 연상하는 글귀와 연화심처 蓮花深處, 영축산 등을 통해 출
가자로서의 시작, 통도사의 깊은 인연, 입적 후 귀의처를 찬문에 녹이고,
비록 스님은 가셨지만 수행의 삶이 깃든 진영을 통해 언제든지 오실 수
있음을 노래하였다.

구룡 천유九龍天有

# 통도사 금강계단을 드러내다

三星之脚跟超邁
九龍之頭角崢嶸
廣蕩不羈卓挙不傾
所以振虎岩一門之風
眞箇秀龍波三世之英

삼성의 발꿈치는 드넓고
구룡의 뿔은 드높구나.
광대하여 매이지 않고 탁월하여 기울지 않는다.
이것이 호암문도의 가풍이며
참으로 뛰어난 용파 스님은 삼세 영웅이다.

---

1825년 여름, 홍명 궤관鴻溟軌觀 스님이 구룡 천유九龍天有, 1775~1823 활동 선
사에게 올린 영찬이다. 찬자인 홍명 스님은 법계상 구룡 스님에게 있어

**양종도총섭구룡당천유대선사영진**兩宗都摠攝九龍堂天有大禪師真

조선 후기, 비단, 123.7×83.8, 양산 통도사 영각, 경상남도 유형문화재 제450-9호

문중 사숙師淑이다. 진영의 주인공인 구룡 스님은 용파 도주 – 취봉 궤붕鷲峰軌鵬 – 삼성 서징三星瑞澄의 계보를 잇고 있으며, 찬자인 홍명 스님은 용파 도주 – 응파 태인凝波兌仁의 법맥을 계승했다. 다시 말해 편양 언기와 환성 지안의 후손이며, 환성 스님의 제자인 호암 체정의 법맥을 계승했다. 18세기 전반 호암 스님은 통도사와 해인사를 오가면서 교화를 펼쳤으며, 통도사에는 호암 스님의 제자 용파 도주 스님이 주석하면서 번성하기 시작했다. 호암문중은 수행과 교학에 뛰어난 문도를 배출하는 한편 자신이 주석한 사찰의 사세를 유지하는 데에도 노력을 아끼지 않았다.

비록 구룡 스님의 행장은 전하지 않으나 조선 후기 통도사에서 일어난 불사 기록에 스님의 자취가 남아 있으며, 1825년에 통도사에 세워진 스님의 승탑과 탑비, 그리고 영각에 모셔진 진영을 통해 사중의 존경을 한 몸에 받았던 분임을 알 수 있다. 구룡 스님은 스승인 삼성 스님을 따라 1792년 영산전 중수와 단청 불사에 참여한 후 1801년에 삼성 스님을 모시고 신흥사 대웅전 중수를 주도했다. 또한 같은 문중 출신인 영월 우징과 홍명 궤관 스님이 통도사 대법당 중수1807와 금강계단 중수1823 불사를 일으키자 이에 적극적으로 참여했다. 특히 삼성 스님은 대법당 중수 때 금강계단 수리를 위한 화주를 맡았으며 이후 구룡 스님은 금강계단 중수가 시작되자 모연에 앞장서 금강계단이 온전히 복원될 수 있도록 힘을 더했다.

스승이 뜻을 두었던 금강계단 불사를 마무리하고 구룡 스님이 입적하자 두 스님을 오랫동안 지켜본 홍명 스님은 드러나지 않게 큰일을 이루어 호암문중의 가풍을 드높인 스님을 기리는 마음을 담은 영찬을 남겼다.

포운 윤취 布雲闰聚

# 설법의 전형을 이루다

布雲師 嘗過余瓜地艸堂

講楞伽百八句 其玄悟深 契余怡

今其涅槃已二年 余常心悲之師之胞

第大雲師與余 有善緣於霜嶽

心其兄之所相愛者 愛之屬

余以師之影讚 遂說偈曰

卷無膚寸 布河沙

拂手而歸 大海一波

窮萬億變 了虛空塵

幻相非準 法身誰眞

포운 스님이 일찍이 나의 과지초당瓜地艸堂을 지나간 적이 있다. 능가경 108구를 강의하는데 스님의 깨달음이 깊고 현묘해 나의 뜻과도 같았다. 지금은 그가 열반에 든 지 이 년이 지났다. 나는 항상 마음이 자비로운 스님을 생각하고 있었다. 사제 대운大運 스님과 나는 금강산에서 좋은 인연이 있다. 마음으로 사형을 사

**홍진우세화엄종주포운당대선사윤취진영**弘眞祐世華嚴宗主布雲堂大禪師閏聚眞

조선 후기, 비단, 128.0×77.5, 양산 통도사 영각, 경상남도 유형문화재 제450−40호

랑하니, 사랑스러운 권속이다. 내가 스님의 영찬을 드디어 썼다. 게송으로 말하기를, '거머쥐면 조금도 없고, 베풀면 이내 항하사 수이다. 손 흔들며 돌아가니 큰 바다의 한 물결. 온갖 기억의 변화가 다하니 허공이 티끌임을 깨달았다. 환상은 법이 아니거늘 법신을 누가 참이라 하는가.'

1855년 초겨울, 일미 一味 권돈인 權敦仁, 1783~1859 이 포운 윤취 布雲閏聚, 미상 ~1853 스님께 올린 상찬이다. 이 찬문은 목판에 새겨져 포운 스님의 진영과 함께 통도사에 모셔져 있다. 불교에 해박한 지식을 겸비한 권돈인은 스님들과 폭넓은 교류를 펼쳤고, 이 가운데 통도사 스님들과 인연이 깊었는지 여러 스님들의 영찬을 남겼다. 특히 자신과 직접 인연이 닿았던 포운 윤취, 구담 전홍 九潭展鴻, 성담 의전 스님의 영찬에는 스님들과 나누었던 일화를 함께 적어 찬문의 감흥을 더하였다. 포운 스님의 영찬에는 자신의 거처인 과지초당에서 『능가경』108구를 강의한 스님의 심오한 설법을 잊지 못하는 마음과 비어 있으나 넘쳐나던 스님의 넓고 깊은 도량을 찬탄하는 게송이 실려 있다.

포운 스님은 환성 지안의 후손으로 율봉 청고의 손상좌이자 용암 혜언 龍巖慧彦 의 제자이다. 영찬에 등장하는 대운 스님은 포운 스님의 사제로 권돈인이 서로 애틋해 함이 사랑스럽다고 한 것으로 보아 두 스님의 관계가 매우 막역했던 것으로 보인다. 『동사열전 東師列傳』에 의하면, 설법을

포운대사영찬현판, 양산 통도사성보박물관

잘하던 용암 스님의 가풍을 포운 스님과 대운 스님이 이어받아 설법의 전형 典型 을 이루었다고 평했다. 법상에서 설법하다 선교 禪敎 의 중요 대목에서 게송을 읊고 나무아미타불을 소리 높여 봉청하는 것 또한 용암 스님과 이들 제자들에게서 비롯된 것이다. 용암 스님과 포운 스님으로 이어진 설법의 전통은 이후 우담 유정 雨覃有定 스님에게 전해졌다.

화악 지탁華嶽知濯

# 자비심 넘치는 화엄종주

冥心法界　傍通九流
謙謙自卑　萬德攸依
七坐道場　兩奉聖旨
佛幡登空　法住般若

마음 법계를 맑히고 구류와 소통하나
스스로의 겸손함으로 만덕을 베풀고
일곱 번 주지를 하고 두 번 성지를 받으니
불당이 허공에 드날리고 법 그대로 지혜로우시네.

---

보월 혜소寶月慧昭 스님이 옹사翁師 화악 지탁華嶽知濯, 1750~1839 선사 진영
에 올린 찬문이다. 혜소 스님은 손상좌 고경古鏡과 함께 1869년에 화악
스님의 시문을 모아 『삼봉집三峰集』을 간행했다.

그는 발문에 사미 시절 유점사에서 뵙던 칠순의 화악 스님을 회상하며

**화엄종주화악당대선사지탁진영** 華嚴宗主華嶽堂大禪師知濯眞影

조선 후기, 비단, 113.0×83.3, 김천 직지사 직지성보박물관

'용모는 단아하고 정신이 맑으며 법음法音은 명쾌하고 얼굴에 자비가 넘쳐 물음에 가르침을 주시니 진실로 세상에 나오신 부처님 같았다'며 그리움과 존경의 마음을 표현했다.

화악 스님은 함월 해원 선사의 법손으로 대종사다. 선禪과 계율에 높은 경지에 이르렀으며, 『조상경造像經』을 화엄사상에 근거해 증명할 정도로 교학에도 해박했다. 또한 외전外典에도 밝고 문장이 뛰어나 김조순, 김정희 등과 폭넓게 교류했다. 완당 김정희는 '화악이 진영을 남기려 하지 않자 내가 '화악華嶽 두 글자를 크게 써서 대신하려 한다' 하니 웃으며 허락하였다'고 할 정도로 화악의 심중을 헤아린 막역한 사이였다.

형상에 구애받고 싶지 않던 화악의 본뜻에도 불구하고 문도들은 통도사와 김룡사에 진영을 모셔 추모했다.

조선 후기 진영에서 선사의 모습은 칠분면七分面 위주로 그려지는 데 반해 김룡사 진영에서 화악 스님은 정면을 바라보고 있다. 아무 장식 없는 황갈색 바탕에 짙은 먹색의 장삼을 입고 주장자를 든 스님의 모습은 질박했던 선사의 삶을 오롯하게 드러낸다.

특히 목을 움츠리고 정면을 응시하는 두 눈은 필경必慶 스님에게 '나는 예전에 선정을 닦을 때 많은 시간을 목을 움츠리고 눈만 부릅떴다'고 언급한 화악 스님의 수행 자세를 연상시킨다. 혜소의 영찬이 『삼봉집』에 수록된 것으로 보아 김룡사 진영에 그려진 스님의 형상은 혜소가 기억하는, 유점사에서 뵙던 화악 지탁 선사 모습 그대로일 것이다.

용암 혜언 龍巖慧彦

# 왕이 인정한 화엄종주

太古東來漢碑屹
五傳淸虛有勳有才
爰及喚惺栗峯
師受敎統其道崔嵬

태고가 동쪽으로 와서 한비로 높이 솟아
다섯 번 청허에게 전하여 공훈과 재주가 있었고
환성과 율봉에 미쳐 더욱 밝아졌으니
스님에게 받은 가르침 크고 그 길 높고 높다.

---

통도사에 모셔진 용암 혜언 龍巖慧彦, 1783~1841 선사 진영에 실린 풍은부원
군 豊恩府院君 조만영 趙萬永, 1776~1846 의 영찬이다. 조만영은 순조 때 문신이
며, 그의 딸은 효명세자의 세자빈으로 오늘날 조대비로 널리 알려졌다.
조만영이 용암 스님의 영찬을 짓게 된 연유는 명확하지 않으나 『동사열

**어사불괴법운화엄종주용암대선사혜언진영**御賜不壞法雲華嚴宗主龍巖大禪師慧彦眞

1846, 비단, 117.5×86.4, 양산 통도사 영각, 경상남도 유형문화재 제450−12호

전』에 다음과 같은 일화가 있다.

1811년에 순조가 병이 나자 생모인 가순궁 嘉順宮 순빈 박씨의 꿈에 노인이 나타나 남쪽 봉 鳳 자가 들어가는 절에 도인에게 축원을 올리면 쾌차한다는 말을 듣고 봉접사 鳳接寺, 봉서사의 오자로 추정 의 용암 스님에게 축원을 청해 왕의 병환이 나았다고 한다. 이러한 인연을 증명하듯 용암 스님 진영에는 임금이 하사한 '어사불괴법운화엄종주 御賜不愧法雲華嚴宗主'가 영제와 더불어 부원군인 조만영의 찬문이 실려 있다.

조만영은 영찬에서 조사 祖師 들의 높은 공덕을 이어받은 용암 스님을 찬탄했다. 찬문에서 언급했듯 스님은 태고 보우와 청허 휴정에서 이어진 환성 지안의 후손으로 환성 지안 – 호암 체정 – 청봉 거안 – 율봉 청고의 법맥을 계승했다. 스님은 율봉 스님에게 법통을 인정하는 돌부 鈯斧 를 전해 받았고, 스승의 허락을 받아 통도사, 해인사, 묘향산, 조계산, 지리산, 금강산, 오대산, 삼각산, 용문산 등 전국에서 가르침을 펼쳤으며, 말년에는 해남 대흥사에서 수행하다 금강산 마하연에서 입적했다.

스님이 교화를 펼친 사찰 가운데 통도사는 용암의 후손들이 번성한 곳이다. 통도사에 모셔진 용암 스님의 진영은 1846년에 조성됐다. 진영 제작을 주도한 이들 가운데 포운 윤취는 용암 스님이 상족 上足 으로 선암사 출신이면서 통도사에서 활동했다. 진영 제작은 호암 체정의 후손인 응월선화 應月善和 스님이 맡았다. 용암 스님의 가르침을 받은 이들은 그 은혜를 잊지 않고 환성 스님의 진영이 모셔진 통도사 극락영당 極樂影堂 에 스님의 진영을 모셔 환성문중에서 스님이 지닌 위상을 갖추고 예우를 다하고자 했다.

도암 우신 度庵宇伸

# 불심으로 즐거움이 백년이라…

色身見如來 不是如來境
色身且不見 況乃身之影
藏珠於袖 鳴琴大地
不着一手 不說一字
佛心常樂百年間
中事業夢中山 呵呵

색신으로 여래를 보는가? 여래의 경계가 아니며
색신 또한 보지 못하거늘 하물며 몸의 그림자이겠는가?
소매에 진주를 감추고 거문고 소리 대지를 울리는데
손을 하나도 쓰지 않고 한 글자도 설하지 않는다.
부처님 믿는 마음 항상 즐거움이 백년이요
인간의 일은 꿈속에 산이다. 가가.

**양종도총섭도암당우신진영**兩宗都摠攝度庵堂宇伸之眞

조선 후기, 비단, 123.3×80.1, 양산 통도사 영각, 경상남도 유형문화재 제450−28호

1852년 초봄에 권돈인이 도암 우신度庵宇伸, 1801~1823 활동 선사를 위해 지은 영찬이다. 도암 스님의 영찬은 진영이 아닌 나무에 새겨져 있다. 나무에 새겨진 영찬은 권돈인에게 받은 글씨 그대로이며, 소아所雅, 돈인인敦仁印, 이재彝齋 등 권돈인의 인장印章 역시 찬문의 시작과 끝에 그대로 새겨져 있다.

도암 스님은 설송 연초의 후손으로 청담 준일의 스승이자 성담 의전의 옹사翁師이다. 18세기 후반 통도사에는 소요문중, 편양문중에서 분화된 여러 문중의 계파가 공존하고 있었다. 편양계 설송문중은 응암 희유 스님이 배출한 경파 경심과 연파 덕장淵坡德藏 스님이 통도사에 일어난 각종 불사에 기문을 짓고 증사를 맡으면서 여러 문중 속에서 존재감을 드러냈다. 연파 스님의 제자인 도암 스님 역시 선교양종도총섭禪教兩宗都摠攝

도암대사영찬현판, 양산 통도사성보박물관

의 승직을 맡아 활동하는 한편, 통도사의 신앙 중심처인 대법당과 사리
각 중수1809, 금강계단의 중수1823에 화주, 시주자로 참여하면서 산내암
자인 백련암과 극락암을 비롯해 인근 지역의 천성산 대둔사와 김해 은하
사의 불사에 참여해 설송문중의 위상을 높여 갔다.

도암 스님의 진영 제작은 스님이 입적하고 여러 해가 지나 손상좌인 성
담 스님 세대에 이르러 진행됐다. 진영이 제작되자 성담 스님은 평소 사
이가 돈독했던 권돈인에게 청해 영찬을 받았을 것이다. 이에 권돈인은
직접 뵙지 못했지만 공空사상에 근거해 진영의 존재 의미를 되물어 보며
손을 대지도 않고 한 글자도 설하지 않았음에도 불구하고 소매에 진주를
품고 거문고로 대지를 울렸던 도암 스님의 도道를 찬한 글을 지었다.

홍명 궤관 鴻溟軌觀

# 19세기 전반 통도사 기틀 마련

師之前身是耶

身是眞 身不生滅所變

師之遺影是耶

影是 影匪丹靑所成

成者必壞變者 匪常

然則師之不成不變底 在甚處

向方 生前有耳目 死後無色聲


스님의 이전 몸이 참인가?

몸이 참이라면 몸은 생멸 변화하지 아니할 것이요

스님이 남긴 진영이 참인가?

진영이 참이라면 진영은 단청으로 이루어질 것이 아닌가?

이루어졌다는 것은 반드시 변하여 무너지나니, 영원하지 않다.

그러하니 스님의 이루어진 것이 아닌 것과 변화하지 아니한 것은

어느 곳에 있는가?

가시는 곳은 살아생전에는 이목구비가 있고 사후에는 색·성·

**선교양종도총섭홍명당궤관대사진영** 禪教兩宗都摠攝鴻溟堂軌觀大師眞
조선 후기, 비단, 116×81.6, 양산 통도사 영각, 경상남도 유형문화재 제450−56호

향·미·촉·법이 없다.

———

구봉 지화 스님이 홍명 궤관鴻溟軌觀, 1807~1825 활동 선사에게 올린 영찬이다. 홍명 스님과 구봉 스님 모두 환성 지안의 후손이다. 홍명 스님은 응파 태인凝波兌仁의 제자로 호암 체정 – 용파 도주의 법맥을 이었으며, 구봉 스님은 용파 스님의 다른 제자인 해송 관준海松寬俊의 4세손이자 성곡 신민 스님의 제자이다.

진영의 주인공 홍명 스님은 19세기 전반 통도사의 산증인이라 할 정도로 통도사 역사의 한 축을 채우고 있다.

1807년에 스님은 선객禪客들이 수행할 수 있도록 통도사 대웅보전 옆에 참선지소參禪之所인 보광전을 세워 선풍을 진작했다.

또한 1809년에는 대웅전 불사에서 단청 화주를 맡아 중수를 도왔으며, 1823년에는 통도사 금강계단을 개축하여 신앙과 수행정신이 살아 숨쉬는 통도사의 기틀을 마련했다.

통도사의 수행과 불사에 주력했던 스님의 명성을 반증하듯 1818년에는 영남불교계를 대표하는 표충사의 종정을 지내기도 했다.

19세기 후반, 구봉 스님 또한 보광전과 금강계단을 비롯해 통도사의 크고 작은 불사를 주관하며 선사先師의 행보를 이어 갔다. 홍명 스님이 입적하고 세월이 흐른 뒤 어떤 연유로 구봉 스님이 영찬을 짓게 됐는지 알 수 없으나, 공적을 찬탄하기보다 '생전 모습前身'과 '남아 있는 형상遺影'

사이에 존재하는 공空함을 노래하는 찬문에서 불사 속에 출가자의 삶을
지켜 간 스님에 대한 존경심을 엿볼 수 있다.

통도사 금강계단, 양산 통도사, 국보 제290호

# 부처님 혜명 · 통도사 불사의 뗏목

頂以圓袍以方
釋尊七十代之貽
厥談柄松精進鎧
苦海八十年之寶筏
畵綃傳神日沒留曛
頭上有月足底生雲

머리는 둥글고 옷은 가사를 입었고
석존으로부터 칠십대이다.
똥 막대기의 화두와 불자로 설법하며 정진했는데
팔십 년 고해를 건너는 좋은 뗏목이었다.
그려진 진영은 석양빛이 머무는 것 같고
머리 위에는 달이 있고 발아래에는 구름이 생한다.

**선교양종대각등계국일도대선사주관화악당태영대선사진영**

禪教兩宗大覺登階國一都大禪師主管華岳堂泰榮大禪師之眞

1853, 비단, 120.0×79.8, 양산 통도사 영각, 경상남도 유형문화재 제450−13호

성담 의전 스님이 화악 태영 華岳泰榮, 1823~1845 활동 선사 진영에 올린 영찬
이다. 성담 스님은 19세기 후반 문장가로 이름이 높던 권돈인과 돈독한
교우 관계를 나눌 정도로 학식과 문장에 뛰어났다. 이런 이유로 성담 스
님은 화악 스님의 영찬을 비롯하여 백암 관홍과 울암 경의 蔚庵敬儀 스님
의 영찬을 짓고 「덕암대사유공기 德嚴大師有功記」1842, 「통도사 영자전 상량
문」1843, 「밀양 표충사 삼화상제영」1848 등 여러 편의 글을 남겼다.

특히 성담 스님이 영찬을 올린 스님들은 같은 문중 어른은 아니지만 스
승인 청담 준일 스님과 오랫동안 수행, 불사를 함께하셨던 산중 어른들
로 성담 스님이 가까이서 뵙거나 직접 모셨던 분들이다. 문중을 초월해
자신이 존경했던 스님에게 올리는 찬문답게 성담 스님은 석가모니불의
71세손이자 출가자로서의 위의 威儀 을 갖추었던 화악 스님의 80년 삶과
진영을 통해서라도 극락왕생을 기원하는 마음을 담담하게 글로 풀어내
었다.

화악 스님은 설송 연초의 4세손으로 응암 희유의 손상좌이자 경파 경심
의 제자이며 동명 만우와는 동문이다. 화악 스님은 1823년에 통도사의
금강계단을 중수하고 무풍교 舞楓橋 를 개조하는 불사에 참여한 후 통도사
영자전 건립 1843, 지장전 중수 및 개금 불사 1845 등에 십시일반 十匙一飯 의
마음으로 동참했다. 통도사에서 화악 스님의 문도 門徒 는 동명 스님만큼
번성하지 않았으나 스승이 입적하자 진영을 모시기 위해 법제자 성월 홍
진 性月弘震, 봉림 奉琳 이 주축이 되고, 상좌인 선우 先宇, 도홍 道洪 과 정문 定
文, 봉흡 奉洽 등의 계상좌 戒上佐 가 뜻을 모아 문계 門契 를 결성했다. 1853

년에 화승 문성 文性과 덕유 德裕가 진영을 완성하자 제자들은 성담 스님을 찾아가 자신들의 추모의 마음을 전하였을 것이며, 성담 스님의 흠모의 정과 영찬이 더해진 진영은 여러 선사 先師들의 진영과 나란히 통도사 영각에 모셔졌다.

울암 경의 蔚庵敬儀
# 어진 스승으로 추앙받다

師之時也  粹仁是率
我聞請質
鼪噬杖痕  不殺之實
孚豚魚吉  師之順也
絢綃一幅  薄夫可肅
後昆孝思  以資淨域  不匱永錫


스님이 살아 계실 때 참으로 어지셨다.
내가 듣고 물었다.
날다람쥐가 물어 상처가 났는데 살생하지 않음을 실행하니
돼지와 물고기도 믿고 스님을 따랐다.
진영 한 폭은 고우면서 엄숙하다.
후손들이 효로써 생각하고 성스러움으로 삼아 다함이 없게 한다.

**울암당경의대선사진영**蔚菴堂敬儀大禪師之眞

조선 후기, 삼베, 113.8×81.6, 부산 범어사성보박물관

범어사에 모셔진 울암 경의蔚庵敬儀, 1835~1845 활동 선사 진영에 실린 성담 의전의 영찬이다. 진영의 주인공인 울암 스님은 호암 체정의 4세손이자 용파 도주의 손상좌이며 금파 임추金波任秋의 제자이다.

호암문중은 18세기 후반에서 19세기에 범어사와 통도사를 거점으로 경상도 남해안에서 상당한 세력을 형성하며 번성했다. 특히 두 사찰에 주석했던 스님들은 사찰, 문중을 가리지 않고 이 지역에서 일어나는 각종 불사에 마음을 모아 십시일반으로 재물을 내어 불사를 지원했다.

울암 스님 역시 김해 서림사 대웅전 관음상 개금과 후불도 조성1835, 양산 대흥사 청련암 법당 이건 중창1842 불사를 통도사 스님들과 함께했다. 두 사찰 간의 긴밀한 관계를 반증하듯 호암 스님과 용파 스님의 진영이 범어사와 통도사에 모셔졌으며, 이어 금파 스님의 진영은 통도사, 그리고 울암 스님 진영은 범어사에 모셔졌다.

울암 스님 진영의 찬문을 지은 성담 스님은 설송 연초의 6세손이자 청담 준일의 법제자이다. 설송 연초와 호암 체정 모두 환성 지안의 제자로서 큰 틀에서 보면 설송문중과 호암문중은 한 집안이라 할 수 있다.

성담 스님은 어린 나이에 출가해 불지佛旨를 깊이 깨닫고 내전에 밝아 통도사 강백으로 활동했으며 추사 김정희, 이재 권돈인 등 명사들과 시문을 교류할 정도로 문장에 뛰어났다. 성담 스님은 통도사에 주석하면서 스승인 청담 스님과 함께 종종 불사를 같이하던 울암 스님을 가까운 거리에서 뵈었던 것이다.

그래서인지 울암 스님의 영찬에는 여느 찬문과 다르게 수행의 경지와 덕망을 찬탄하고 어진 성품과 자비행을 실천하며 소박한 삶을 살다 간 스님을 존경하는 마음이 담겨 있다.

성곡 신민 聖谷愼旻

# 좌의정이 찬양하다

虎眠于石
雲在于天
性㝰聖也
見之者緣
余於上人
見耳垂肩

호랑이는 바위에서 졸고
구름은 하늘에 있다.
성性은 성聖이라 한다.
그것을 보는 것도 인연이니
우리 성곡당 신민 스님은
귀가 어깨에 드리워졌다.

**원각등계양종정사성곡당신민진영**圓覺登階兩宗正事聖谷堂愼旻之眞

1859, 비단, 118.6×77.0, 양산 통도사 영각, 경상남도 유형문화재 제450－20호

통도사에 소장되어 있는 성곡 신민聖谷愼旻, 1835~1858 활동 선사 진영에 실린 귤산橘山 이유원李裕元, 1814~1888의 영찬이다. 찬자 이유원은 이항복의 후손으로 고종대에 정치가이자 문장가로 이름을 크게 떨쳤다. 이유원과 불교 간 인연은 알려진 것이 없다. 출가 수행자는 아니지만 '승려처럼 거처하며 차를 마신다'고 자신의 시에 남길 정도로, 차를 매개로 불교와 호의적인 관계를 유지하였다.

성곡 스님의 영찬은 이유원이 좌의정을 역임하던 1864년에서 1865년 사이에 지은 것이다. 다만 두 사람 간에 직접적인 교류가 없었던지 찬문의 내용은 스님의 요체보다 피상적인 표현에 머무르고 있다. 스님의 삶과 사상은 이유원의 영찬보다 오히려 진영 뒷면에 기록된 화승畫僧 의운 자우의 기록을 통해 또렷하게 전달된다.

의운 스님은 '1859년 기미 6월에 김해의 서림사와 말사의 모든 스님들이 그 도道를 사모하고 덕화에 젖어 우러러 감읍해 마지않았다. 이에 재물을 내놓아 진영을 제작하여 통도사 극락암 선사先師 진영 아래에 모신다

咸豊九年己未六月日 金海西林寺揮寺諸僧慕其道涵其化瞻成不己出財造成移掛于通度寺極樂奄先師影愼下 畵師意雲堂慈友'며, 진영 조성이 성곡 스님의 수행과 덕화에 감응했던 스님들의 진실된 마음에서 이루어졌음을 기록했다.

성곡 스님 진영을 통도사 극락암 선사 진영 아래에 모셨다는 것은 의운 스님이 1859년에 같이 조성한 호암 체정과 용파 도주 스님의 진영과 나란히 봉안했음을 의미한다. 김해 서림사는 오늘날 은하사로 1835년에 성곡 스님은 이곳의 대웅전 관음상 개금과 후불도 조성을 주도했다. 스님

이 입적하자 평소 따르던 서림사와 말사 스님들은 재물을 내어 성곡 스님 진영만이 아니라 통도사 극락암에 모셔진 낡은 호암 체정과 용파 도주 진영을 새로 그려 성곡 스님의 법통을 내세우고 그의 위상을 높이고자 했다.

청담 준일 淸潭遵一
# 통도사 동량을 길러내다

花開空山　月印寒潭
湛然凝默　千佛一心
慈航寶筏　汎彼南溟
十方大界　普濟生靈
眞像在壁　禪敎是則
覺爾泉凡　惟道之極

꽃은 공산에 피고 달은 깊은 연못에 떴다.
흔들림 없이 고요하니 천불이 한마음이다.
자비로운 배와 보배 뗏목을 남쪽 바다에 띄웠다.
시방 대계에 모든 생령들을 제도하였다.
참모습 벽에 걸으니 선과 교가 이러한 것으로
깨달음은 근원이며 오직 도로서 다한다.

**선교양종대각등계팔도도총섭청담당준진영** 禪敎兩宗大覺登階八道都摠攝淸潭堂遵一之眞

1859, 비단, 119.2×77.0, 양산 통도사 영각, 경상남도 유형문화재 제450−21호

통도사에 모셔진 청담 준일淸潭遵一, 1843~1845 활동 선사에 관한 영찬이다.
청담 스님 진영을 보면 영찬이 적혀 있어야 할 붉은 칸이 비어 있고, 대
신 목판에 새겨져 진영과 함께 전한다. 문중의 어른이 입적하면 제자들
은 평소 스님과 친분이 있고 덕망 높은 선사와 사대부를 찾아가 찬문을
부탁했다. 이때 받은 영찬은 진영에 옮겨 적기도 하지만 때때로 받은 글
씨 그대로 나무에 새겨 진영 옆에 봉안했다.

청담 스님 영찬 말미에는 죽원거사竹園居士라는 인장이 새겨져 있다. 죽
원竹園의 호를 사용한 이는 19세기 후반에 활동한 유한렴劉漢廉이 현재 알
려져 있으나 그가 청담 스님의 찬문을 지었는지 단언할 수 없다. 다만 서
체로 보아 추사 김정희와 일미 권돈인과 관련 있던 인물로 추정된다. 이
처럼 찬자는 알 수 없으나 영찬에는 어떤 미사어구로도 표현되지 않은,

청담대사진찬현판, 양산 통도사성보박물관

흔들리지 않는 불심으로 교화를 펼쳐 중생을 제도했던 청담 스님의 삶을 고스란히 전하고픈 마음이 깃들어져 있다.

청담 스님은 설송 연초의 5세손으로 통도사에서 번성했던 응암 희유 - 연파 덕장 - 도암 우신의 법맥을 계승했다. 스님은 팔도도총섭八道都總攝의 승직을 맡아 교단의 승려들을 관장하는 한편, 통도사 영자전 중창1843과 지장전 불사1845에 화주와 시주자로 동참하기도 하고 호성 석종, 성담 의전과 같은 뛰어난 제자를 길러내 통도사의 동량棟梁이 되게 했다. 스님이 입적하자 상좌인 호성 석종虎性奭鐘, 1858 활동은 화승 의운 자우에게 진영 제작을 의뢰하였고, 1859년에 완성된 진영은 통도사 극락암에 극진히 모셨다.

화담 경화<sup>華潭敬和</sup>

# "그대가 나인가, 내가 그대인가"

篤志力學 精修苦節
奉持戒律 淨如冰雪
脇不至席 講若畫一
錫還八垓 淸風明月


돈독한 뜻으로 학문에 힘을 다해
오롯한 수행으로 아픔도 이겨
계율을 지니고 기르기를 얼음과 눈처럼 맑게 하며
눕지 아니하고 한결같은 강설로
석장을 짚고 온 세상을 돌아오니 바람은 맑고 달은 밝더라.

───

보월 혜소 스님은 옹사 화악 지탁에 이어 스승인 화담 경화<sup>華潭敬和,</sup>
<sub>1786~1848</sub> 선사 진영에 찬문을 지었다. 1869년 혜소 스님을 비롯한 문도는
화악 스님의 시문집 『삼봉집』을 간행하면서 뒤편에 화담 스님의 비명<sup>碑銘,</sup>

**전불심인부종수교일국명현화엄대법사화담당경화진영**

傳佛心印扶宗樹教一國名現華嚴大法師華潭堂敬和之眞影

조선 후기, 비단, 111.3×78.1, 김천 직지사 직지성보박물관

영찬, 행장을 수록해 편양 언기 - 환성 지안 - 함월 해원 - 완월 궤홍 - 화악 지탁 - 화담 경화로 이어지는 문중의 정통성을 대내외적으로 알렸다. 화담 스님은 양주 화양사의 성찬性讚 스님에게 출가하고 율봉 청고 스님에게 구족계를 받았다. 화악 스님은 '빈손에 한 자루의 칼을 든 나그네, 전해 줄 물건이 없네. 법왕의 대보인大寶印, 이미 참제자에게 전했네'라는 전법게傳法偈를 화담 스님에게 내려 심인心印이 계승되었음을 표방했다.

화담 스님은 40년간 솔잎과 죽을 먹고 밤낮으로 장좌불와하며 수행에 힘썼고, 『화엄경』, 『열반경』, 『팔양경』 등 여러 경전에 주석을 달 정도로 교학에도 주력했다. 특히 55회에 걸쳐 화엄강론을 펼칠 정도로 화엄강백으로 유명했다. 현등사에서 입적하자 절 북쪽에 승탑이 세워졌고, 문도가 주석한 김룡사, 대승사, 통도사, 표충사 등 사찰에 진영이 모셔졌다.

이 진영들은 하나의 모본模本을 두고 제작한 듯 동일하게 스님을 표현했다. 진영 속 화담 스님은 목을 움츠리고 정면을 바라보고 있으며, 앞에 놓인 경상에는 평소 읽던 경전이 놓여 있다. 혜소 스님은 스승이 생전에 문인門人이 그린 진영을 보고 '그대가 나인가, 내가 그대인가. 아지랑이陽焰이 같은 헛된 생각일 뿐!'이라 평한 일을 행장에 기록했다.

진영을 그린 문인이 누구인지 알 수 없으나 수선修禪제자 중 송암 대원松巖大遠, 월하 세원月霞世元이 화승으로 활동했다. 혜소 스님은 스승이 허깨비라 평한 진영에 행장을 압축한 제찬을 실어 화담 스님의 참모습이 후대에 전해지길 바랐을 것이다.

# 영축산도 움직이다

謂師是影不是宗
三十二相皆空相
而謂非空卽是宗
師何不演經說典
如丹乙邦廣陵口
揚眉吐古露兩肘
無量無數說方便
眛我無上正等覺
是相不相影不影
是師平等宗相印
放戒壇光鷲山鳴
是師無餘涅槃時
潭空水定了常寂
師如是又出三昧

스님의 진영은 참모습이 아니다.

**선교양종화엄종주성담의전대선사진영**禪敎兩宗華嚴宗主聖潭堂倚琠大禪師之眞

조선 후기, 비단, 110.2×75.1, 양산 통도사 영각, 경상남도 유형문화재 제450-15호

삼십이상이 모두 공한 모습이다.
그렇다고 공이 곧 진실인 것은 아니다.
스님은 어찌 경전을 강연하지 않으시는가?
단을의 변방과 광릉의 입구에서와 같이
눈썹을 올리고 숨을 토해내며 양 팔꿈치를 걷고서는
한량없는 방편을 말하고
우리에게 무상법문을 보이셨는데
이 모습은 모습이 아니요 진영은 진영이 아니다.
이는 스님의 평등실상인이고
계단이 광명을 놓고 영취산이 우는 것은
스님의 무여열반인 때이다.
연못은 공하여 물이 잔잔해 항상 고요하니
스님은 이렇게 또 삼매에 들었다 나온다.

———

통도사에 모셔진, 성담 의전聖潭倚琠, 미상~1854 선사 진영에 실린 일미 권돈인이 지은 영찬이다. 성담 스님은 통도사에 설송문중의 세거를 형성한 응암 희유의 5세손이자 청담 준일의 제자이다. 성담 스님은 고요하고 과묵한 성품의 소유자로 내전만이 아니라 시문에도 뛰어나 문장가들과 교류하며 권돈인과도 인연을 맺었다. 권돈인은 스님鬆門과 돈독한 우의를 나누는 한편 자신의 벗인 김정희에게 소개하기도 했다. 성담 스님을 만난 김정희 역시 스님의 뛰어난 인품과 자질을 알아보고 권돈인에게 스님을 소개해 준 고마움을 편지에 담아 보내기도 했다. 이러한 인연이 더해져 성담 스님이 입적하자 권돈인과 김정희는 스님의 진영을 보고 찬문을 지었다.

현재 통도사에는 김정희가 남긴 상찬이 시판詩板에 새겨져 전하고, 권돈인이 지은 영찬은 성담 스님 진영에 적혀 있다. 진영에는 영찬만이 아니라 권돈인과 스님의 인연을 적은 기문記文도 함께 실려 있다. 기문에는 작년까지도 자신의 석실石室을 찾아와 마음을 나누며 봄에 다시 만날 것을 기약했던 성담 스님이 갑작스레 입적한 일과 시적示寂하기 며칠 전 영축산이 크게 울리고 금강계단이 방광했던 기이한 일을 담백하게 기술하면서 마음을 나누던 벗을 잃은 허망한 심정과 스승의 가르침이 후세에 전해지길 원하는 학인들의 바람을 글로 남겼다.

聖曹稼偈
面門月滿頂
輪花現意喜
聖師宛其在兹
可以塞老淸之
悲歟是大悲相
歟文字膝若丘
揖欵尤
院堂左人題
歲辛十七年

성담상계현판, 양산 통도사성보박물관

우담 유정 雨潭有定

# 개화파 주역이 인정한 선종 적자

慧雲初起大界 流布普灑浮埃
爲一潭雨 雨來雨去 寂若像法
願度衆生 此心萬劫

지혜의 구름이 처음 대계에 일어날 적에
널리 먼지 같은 물방울이 뿌려져 흩어지면
연못에 담긴 비가 된다.
비가 내리고 그치니
고요하기가 상법과 같다.
중생 제도를 원하는 이 마음 만겁이다.

———

도원 道園 김홍집 金弘集, 1842~1896 이 찬한 우담 유정 雨潭有定, 미상~1876 선사
의 영찬이다. 찬자 김홍집은 19세기 말 혼란한 정치 상황에서 갑오농민
전쟁을 수습하고 갑오개혁을 주도했던 개화파의 거두 巨頭 이다. 김홍집은

286

**화엄종주우담당유정대선사진영** 華嚴宗主雨潭堂有定大禪師之真

조선 후기, 비단, 128.5×83.9, 양산 통도사 영각, 경상남도 유형문화재 제450-58호

긍담 법영 亘潭法涅 스님의 청으로 우담 스님의 영찬을 짓게 됐다. 긍담 스님은 우담 스님의 제자로 스승이 입적하고 10년이 지난 후 찬문을 구하는 글을 김홍집에게 보냈다. 이에 관해 김홍집은 '양산의 우담 스님은 법운·포운 두 선종의 적자이시니 계율을 행하고 참선하여 깨달음을 전하는 아름다운 가풍이 있다네 梁山釋雨潭 爲法雲布雲 兩禪宗之嫡 傳戒行參悟 蔚有家風'라며 자신이 영찬을 짓게 된 이유를 밝혔다. 영찬의 연유와 찬문은 현재 통도사에 모셔진 우담 스님 진영 한편에 그대로 적혀 있다.

김홍집이 언급한 법운과 포운의 적자란 뜻은 우담 스님이 옹사인 용암 혜언과 스승 포운 윤취의 법맥을 계승했음을 의미한다. 우담 스님은 5~6세 때 어머니에게 출가의 의사를 밝히고 당시 경성에 머물렀던 포운 스님에게 의탁했다. 우담 스님은 한자는 물론 범어와 경 經·율 律·논 論·선 禪에 이르는 모든 글을 한 번 보면 외울 정도로 총명하여 일찍이 포운 스님의 의발을 전수받았다. 20살에 통도사에서 법회를 열자 전국에서 수많은 이들이 몰려들었으며, 당시 법문을 듣는 이 가운데 화승 용완 龍玩은 붓을 버리고 강의에 들었다고 한다. 스님은 한동안 통도사 극락암에서 강당을 열어 후학을 양성했고, 나이가 들어서는 영취산 백련정사 白蓮精寺에 선실 禪室을 마련해 만일회 萬日會를 주관했다. 이에 전국에서 스님의 지도를 받기 위해 수많은 선객 禪客들이 모여들었으며, 백련정사에서 수행하는 모습은 중국 여산 廬山 백련결사 白蓮結社에 비견될 정도로 성행을 이루었다.

1876년 여름에 스님이 입적하고 제자 계운 창전 啓運敞典 등은 천여 길을 달려 이조참판를 지낸 이용직 李容直에게 비문을 청해 1879년 통도사에 스님의 비를 세웠다. 10여 년 뒤 또 다른 제자 긍담 스님은 당대 명사인 김홍집에게 영찬을 받아 스님의 진영에 올리면서 못다 한 추모의 정을 다하였다.

금암 천여 錦庵天如

# 달을 감싸는 새벽 별

於四年壹定中 誦大悲呪百萬遍
心眼澄明 口辯無礙
塵沙佛刹 星羅於胸襟
微妙法門 瓶瀉於口海
行希而無碍 圓融而自在
重重疊疊 如夏雲之起空
密密明明 如曉星之帶月


사 년을 정하고 대비주를 백만 편을 외웠다.
마음의 눈이 맑고 밝아 말을 하는 데 걸림이 없어
하나하나가 불찰로 가슴에 별처럼 빛나고
미묘법문을 입으로 바닷물을 쏟아내는 듯했으며
어딜 가도 걸림이 없이 원만하고 자재로워
거듭거듭 쌓이는 것이 여름 하늘에 구름이 일어나듯 하고
은근히 밝아지는 것이 새벽 별이 달을 감싸는 것 같았다.

**금암당대선사천여진영** 錦庵堂 大禪師 天如之眞影
1864, 비단, 110.0×76.0, 순천 선암사성보박물관

선암사에 모셔진 금암 천여 錦菴天如, 1794~1878 선사 진영에 실린 영찬이다. 찬자는 초의 의순 草衣意恂, 1786~1866 이다. 초의 스님은 1864년 입하立夏를 앞두고 대흥사 보련각에서 금여 스님의 찬문을 지었다. 1864년은 금암 스님이 칠순 되던 해로 제자들은 스승의 진영을 제작하기 위한 찬문을 초의 스님에게 받았다.

초의 스님은 찬문을 짓게 된 사연을 다음과 같이 덧붙였다.

갑자년1864 늦은 봄 땅 위로 솟은 금탑이 있어 개금하러 갔을 때 (금암 스님) 문하인 설암 덕언雪岩德彦이 찬을 청하였다. 내가 손이 둔하고 마음에 여유가 없어 고사하니 받지 못하고 돌아갔다. 다시 부탁하고 가기에 힘 있게 찬을 지으니 장황하다. (이에) 표지를 감싸 보낸다.

진영의 주인공 금암 스님은 19세기를 대표하는 불화승佛畵僧으로 스님이 그린 불화는 지금도 호남과 영남의 수많은 사찰에 모셔져 있다. 스님은 『법화경』의 '칠보채화 백복엄신 필경회향 실개성불 七寶彩畵 百福嚴身 畢竟回向 悉皆成佛' 구절에서 대비이제지행 大悲利濟之行을 깨닫고 금파 도익 金波道益, 1801~1828 활동에게 불화를 배웠으며, 천불 개금을 평생 서원으로 삼아 임종 직전까지 불사에 적극적으로 참여했다. 화승으로 활동하면서도 스님은 수행을 게을리하지 않았다. 19세에 금수암의 관음상 앞에서 200일간

석가영산회상도, 부산 장안사, 부산광역시 유형문화재 제87호

정진하고 일출암 터에서는 10년간 수행했다. 또한 46세 때에는 운수암에서 사 년 동안 대비주 100만 주를 외고, 삼매 중 가타송伽陀誦 한 편을 짓기도 하였다.

운수암 대비주 수행은 금암 스님을 화승 그 이상의 면모를 갖춘 선사로서의 위상을 높여 주었고, 초의 스님의 영찬으로 고스란히 승화됐다.

# 아, 드넓은 하늘에 걸린 달

七十四住世昻
昻然野鶴之立羣鷄
肩袈頂幞右拂塵左輪珠
儼然德像
宛在一幅畵裡
其心之雄氣之壯
非丹靑之所能模索者 吁
其來也 月掛長天
其去也 波澄大海

칠십사 년 머물며 세상을 바라보니
들판의 닭 무리 가운데 학이 서 있네.
어깨에 가사, 머리에 두건, 오른손에 불자, 왼손에 염주
의젓한 덕상德像이여
분명 한 폭의 그림 속에 있으나
마음은 웅대하고 기상은 장대하여

**이원창사주대각등계월파당천유진영** 移院創寺主大覺登階月波堂天有眞影

1866, 비단, 141.3×91.5, 밀양 표충사 영각, 경상남도 유형문화재 제268호

단청으로 능히 모색할 바가 없다네.
아, 왔는가! 드넓은 하늘에 걸린 달
갔는가! 대해의 맑은 물결.

———

표충사에 모셔져 있는 월파 천유月波天有. 1821~1866 활동 선사 진영에 실린
보허 주일鋪虛住一. 19세기 말 활동의 영찬이다. 월파 스님은 설송 연초의 6세
손으로 태허 남붕 – 진봉 평해珍峰平海 – 성파 영오星坡永悟 – 경파 소안景坡
詔岸의 법맥을 잇고 있다. 1734년에 태허 스님은 스승인 설송 스님을 모
시고 사명 유정을 제향하는 표충사表忠祠를 밀양 영축산에 건립했고, 이
후 설송문중은 표충사의 성쇠를 같이했다.

월파 스님은 '영정사가 바로 삼대존사三大尊師의 주석전발지소住錫展鉢之所'
라는 태허 스님에 뜻을 이어받아 1839년에 재악산 영정사로 사원을 이건
해 표충사表忠寺의 근간을 마련했다. 이후 사찰에는 스님의 공덕을 기리
는 영세불망비永世不忘碑. 1859가 세워졌고 진영이 봉안됐다. 월파 스님의
진영은 1866년 5월에 제작되었는데 그해 9월에 스님이 통도사 안양암 영
산회상도에 시주자로 참여한 것으로 보아 생전에 조성한 것으로 보인다.
진영과 달리 영찬은 후대에 지어졌다. 영찬에 밝혔듯이 찬자 보허 스님
은 월파 스님의 문손이다. 보허 스님은 1884년 봄, 흥선대원군의 서원철
폐령1871 이후 끊긴 표충사의 향불을 다시 피워 올렸다. 스님은 철폐령에
도 불구하고 충남 공주와 금산에서 사림士林이 기허 스님을 봉향하는 것

을 보고 밀양부사와 사림을 설득해 표충사의 제향을 다시 시작했다. 서산·사명·기허 스님에게 설향設享하고 예경을 표한 후 보허 스님이 참배하는 월파 스님의 진영은 남달랐을 것이다. 월파 스님이야말로 평생을 살면서 만난 군계일학群鷄一鶴 같은 존재라는 찬탄 속에는 표충사를 되살린 보허 스님의 진정어린 존경심이 담겨 있다.

이원주월파당천유영세불망비, 밀양 표충사

# 우주를 품은 마곡사 동량

千株松下
兩行金文
手探月窟
足踏天根
崔嵬氣宇
彷彿面目
風月無邊
庭草交翠

천 그루의 솔밭 아래
두 줄의 부처님 말씀
손으로는 달을 어루만지고
발로는 하늘을 밟는다.
크고 높은 기개는
진영의 본래 면목이라
아름다움은 끝없이 펼쳐지고

**대공덕주인월당지행대선사진영** 大功德主印月堂智幸大禪師之眞

조선 후기, 비단, 110.8×70.4, 공주 마곡사 진영각

정원의 풀은 싱그럽게 푸르다.

———

마곡사에 모셔진 인월 지행 印月智幸, 1831~1861 활동 선사 진영에 실린 주성 注性, 19세기 후반 활동 스님의 영찬이다. 찬자인 주성 스님의 행적은 알 수 없으나 영찬에 인월 스님의 문하 門下로 소개하고 있다. 주성 스님은 내외전에 밝았는지 이고 李翶, 772~841 와 약산 유엄 藥山惟儼, 751~834 이 나눈 게송 일부인 '천주송하량함경 千株松下兩函經'과 고려 말 이색의 「취중가 醉中歌」 '선생유수탐월굴 先生有手探月窟 선생유족추천궐 先生有足趨天闕'을 차용하고, 주자의 「염계선생화상찬 濂溪先生畵像贊」의 마지막 구절인 '풍월무변 風月無邊 정초교취 庭草交翠'를 옮겨 우주와 같이 큰 기운을 품었던 인월 스님을 찬탄하는 글을 지었다.

인월 스님은 서산 휴정의 11세손으로 청암 학종 - 제봉 체규 - 금파 묘화 - 홍계 영일 洪溪永日 의 법맥을 계승했다. 18세기 후반 청암 스님과 제봉 스님은 대웅보전, 대광명전, 심검당 등 마곡사의 전각을 중수하며 두각을 보였다. 19세기 중엽에는 두 분 스님에 이어 인월 스님이 마곡사 불사에 중추적인 역할을 담당했다. 1831년 이층 대웅보전 중수에 도감 都監 을 맡았으며 1840년에는 산내암자인 은적암 중수에 소용되는 모든 경비를 마련하기도 했다.

인월 스님이 입적하기 직전까지 가장 공을 들인 불사는 옹사인 금파 스님과 스승인 홍계 스님의 진영을 조성하는 일이었다. 1861년 봄, 마곡사

청련암 불상 개금과 불화 제작을 맡았던 화승 가운데 춘담 봉은春潭奉恩,
1853~1870 활동을 청해 선사先師의 진영 제작을 의뢰했다.

진영 조성이 한창이던 중 불행히도 인월 스님이 입적하자 모든 스님들은
동량棟樑이 꺾였다며 깊이 한탄했다. 같은 해 금파 스님 진영을 완성하고
중앙에 모신 후 이듬해 1862년 홍계 스님과 인월 스님의 진영을 제작해
그 옆에 모셔 마곡사를 위해 공덕을 쌓은 세 분 스님에 대한 공경의 마음
을 다하였다.

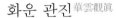

# 금강산에 뿌리 둔 해인사 화엄강주

大千法界　遍布身雲
華嚴說法　如雨如雲
度生以畢　寂滅之雲
寫眞一幅　万古山雲

삼천대천 법계에 몸 구름 널리 퍼지니
화엄 설법은 비와 같고 구름 같아
중생을 제도해 마침은 적멸의 구름
진영 한 폭은 만고에 산과 구름이다.

해인사에 모셔진 화운 관진 華雲觀眞, 19세기 후반 활동 선사 진영에 실린 해명 장선 海冥奬善, 19세기 말 활동 스님의 영찬이다. 해명 스님은 화운 스님의 문인 門人으로 1883년 찬문을 지을 당시 해인사의 종사 宗師로서 대적광전 삼신불도1885 조성 불사에 증사 證師로 참여할 정도로 덕망이 높았다. 해명

**부종수교화엄강주화운당휘관진대선사진영**扶宗樹教華嚴講主華雲堂諱觀眞大禪師
조선 후기, 종이, 121.2×78.3, 합천 해인사성보박물관

스님은 영찬에서 법호 '화운'의 운雲을 따서 법계를 감싸고 법우法雨를 뿌려 적멸을 이룬 만고의 산과 구름 같은 존재인 스님을 표현했다.

화운 스님은 환성 지안의 후손이자 호암 체정의 법맥을 이어받았다. 호암문중은 해인사에서 여러 분파를 이루며 번성했으며 화운 스님은 율봉 청고에서 금허 법첨錦虛法添, 용암 혜언, 포운 윤취 등으로 이어지는 법맥을 계승했다. 율봉 스님을 비롯해 용암·포운 스님은 교학에 해박했으며 특히 『화엄경』에 뛰어나 강론을 펼치면 전국에서 학인이 구름처럼 몰려들었다고 한다. 또한 율봉문중은 금강산과 인연이 깊어 율봉 스님의 경우 금강산 마하연에서 『금강경』을 연구했으며 용암 스님은 이곳에서 입적했다. 문중 어른에 비해 화운 스님의 행적은 하동 쌍계사의 금당동서방장중수기현판金堂東西方丈重修記懸板, 1860 에 적힌 법명을 제외하고 해인사에 모셔진 진영이 전부라 할 수 있다.

다행히 스님의 진영에는 찬문과 나란히 '오십 년을 와서 이룬 일 일생을 헛된 말이 길고 짧아 손을 드리우고 크게 웃으며 금강으로 가니 만이천봉의 달이 삼경이다五十年來那事成 一生虛說短長聲 垂手大金剛去 萬二千峯月三更'라는 임종게가 있다. 비록 스님에 관한 장문의 비문이나 행장은 전하지 않으나 이 짧은 영찬과 임종게만으로도 선대 스님들처럼 금강산에 뿌리를 두며 해인사에서 화엄강주로 활동했던 화운 스님의 삶을 그려 볼 수 있다.

# 아! '실상연화'여…

余昔遊妙香黃山寄書曰

有九潭老宿 遇于玄巖

夜讀般若經 忽異香如蓮華

如檀 在屋滿屋 夜深而止

得未曾有 余讚之曰

是謂般若實相印 是謂一大事因緣

香積以香爲敎師 以一切種智

攝大乘妙法 其音蜜闡功德乃現

是亦謂一偈成佛也 歟今碧虛師屬

余贊九潭之影 噫 九潭之影兮

實相蓮華 牛頭栴檀


내가 묘향산과 황산을 다니며 글을 적어 보내며 말하기를, 구담 노숙을 현암玄巖에서 만나 밤에 반야경을 읽는데 홀연히 연꽃 같기도 하고 전단 같은 기이한 향이 방안을 가득 채웠다가 밤이 깊어지자 사라졌다. 일찍이 없었던 일이다. 내가 찬탄하며 말하기

**시암중창주선교양종구담당대선사전홍진영**是庵重創主禪教兩宗九潭堂大禪師展鴻之真影

조선 후기, 비단, 110.5×77.4, 의성 수정사 대광전를, 반야실상인般若實相印이며 일대사인연一大事因緣이라 하였다. 쌓인 향의 향기는 스님의 가르침이다. 일체종지로 대승묘법을 섭수한 것이다. 그 소리는 밀천蜜闡의 공덕을 나타낸 것으로 이 또한 성불 게송이다. 지금 벽허는 스님의 제자이다. 내게 구담 스님 진영에 찬을 하라 한다. "아, 구담 스님의 진영은 실상연화요, 우두전단이다."

———

권돈인이 구담 전홍九潭展鴻, 19세기 전반 선사를 위해 지은 영찬이다. 이 찬문은 목판에 새겨져 구담 스님의 진영과 함께 의성 수정사에 모셔졌다. 구담 스님은 1835년에 수정사가 화재로 소실되자 제자들과 힘을 모아 가람을 중창했다. 이런 이유로 진영에는 구담 스님을 '시암중창주是庵重創主'라 표기했다. 수정사 상찬 목판에는 권돈인 영찬 외에도 홍재철洪在喆, 1799~미상과 홍종응洪種應, 1783~미상의 영찬도 같이 새겨져 있다.

구담 스님은 편양 언기, 환성 지안의 후손으로 용암 신감 – 대암 국탄大庵國坦 – 송계 나식松桂賴是 – 서암 영주瑞庵靈珠 – 동운 성존東雲聖尊 – 의봉 유영義峰侑英의 법맥을 계승했다. 구담 스님의 제자로는 벽허 응규碧虛應奎, 제봉 운봉霽峰雲峯, 그리고 압곡사를 중창한 정허 성여淨虛性如 등이 알려져 있다. 스님이 입적하자 제자 벽허 스님은 스승의 진영을 제작해 수정사와 통도사에 모시고, 평소 스승과 인연이 있던 권돈인에게 영찬을 부탁했다. 이에 권돈인은 구담 스님이 반야경을 읽자 연꽃 향과 전단 향 같

구담사영찬, 양산 통도사성보박물관

은 신비로운 내음이 방안에 가득했던 이적 異蹟 을 기록하며 스님의 진영
이야말로 스님의 가르침과 깨달음의 향내를 품은 '실상연화 實相蓮華 우두
전단 牛頭栴檀 '이라 찬하였다.

# '죽비'라 불러도 부족한 선지식

一幅丹靑 孃生面目

月落澤淸 是甚樣子

歟一水 万派皆然

且道

如何是 臨濟曹洞潙仰

古人云

喚作竹蓖則觸

不喚作竹蓖則背

汝旣如是 吾亦如是


한 폭의 진영 아름다운 참모습

달이 지는 맑은 연못은 어떤 모습인가.

잔잔한 한 줄기 물, 만 물결 모두 그러하다.

또 말해 보라.

어느 것이 임제 · 조동 · 위앙인가?

옛사람이 말하기를

**영호당대사일홍진영**映湖堂大師佾澒之眞
1846, 비단, 107.0×75.0, 예천 용문사성보유물관

죽비라고 불러도 잘못되었고
죽비라고 부르지 않아도 잘못됐다.
너도 이와 같고 나도 또한 이와 같다.

———

용문사 영호 일홍映湖佾泓, 18세기 후반~19세기 전반 선사 진영 뒤편에 적힌 무
경 관주無鏡觀周, 1830~1846 활동의 영찬이다. 안타깝게도 영호 스님은 진영
을 제외하고 자취를 되돌아볼만 한 기록이 남아 있지 않다.

진영 제작은 수법제자 태운 연선泰雲璉璇의 주도로 이루어졌으며, 제작이
여법하게 이루어졌음을 증명하기 위해 응허 유인應虛侑仁이 참여했다. 증
사인 응허 스님이 호암 체정의 후손이고, 찬자인 무경 스님이 월저 도안
의 후손인 점으로 보아 영호 스님 역시 편양 언기의 법맥을 계승한 것으
로 추정된다.

1864년 9월 무경 스님은 몸을 깨끗이 하고 영호 스님의 진영을 제작한 후
찬문을 지었다. 무경 스님은 19세기 전반 경상북도에서 활동했으며 현재
1830년 조성한 안동 중대사의 영산회상도, 현왕도, 신중도를 비롯해 대
승사 윤필암 영산회상도가 전한다. 스님은 화승으로 불사를 행하는 한편
출가자로서 수행도 게을리하지 않았다. 노년인 1846년 김룡사 화장암에
서 여산 혜원廬山慧遠, 334~416의 백련결사와 유사한 정토왕생계를 조직하
여 정진했다. 또한 같은 해 찬한 영호 스님 찬문에 선승 무문 혜개無門慧開,
1183~1260 선사의 『선종무문관禪宗無門關』 43칙 '수산죽비首山竹篦'를 인용

할 정도로 교학도 상당한 경지에 이르렀던 것으로 보인다.

무경 스님은 영찬에서 만 물결의 근원이 한 줄기의 물결이라 하며 진영에 감춰진 영호 스님의 참면모를 보길 촉구하는 한편 '죽비라고 불러도 잘못되었고 죽비라고 부르지 않아도 잘못됐다'는 공안 특유의 역설로 진영 역시 영호 스님의 또 다른 참모습일 수 있음을 노래했다.

# 은해사의 종사 宗師

師之性情雲白山
淸行己由貞敎人
以明滌世塵之利
名勤道業於蓮城
實相非于形死生
丹靑何用七分評

스님의 성정은 구름 흰 산으로
청정한 행은 올바른 가르침을 의지한 것이다.
밝고 맑게 함으로 세상을 이롭게 하니
정토에 이르는 도업을 부지런히 하였다.
실상은 형상의 나고 죽음이 아니니
그려진 진영으로 어찌 평을 할까?

**양종정사운악당대선사진영**兩宗正事雲岳堂大禪師之眞影
조선 후기, 비단, 112.5×73.8, 영천 은해사성보박물관

은해사에 소장되어 있는 운악 성의雲岳性義, 1818~1831 활동 선사 진영에 실린 설허 지첨雪虛知忝, 19세기 전반 활동의 영찬이다. 찬자인 설허 스님은 영파 성규의 제자로 환성 지안과 함월 해원의 법맥을 계승했다. 『영천은해사사적永川銀海寺事蹟』에 의하면, 설허 스님은 1797년경에 은해사 운부암의 조실祖室로 주석하면서 스승인 영파 노덕老德을 모시고 있었다. 18세기 후반 은해사에 세거하기 시작한 영파문도는 스승이 입적하자 홍문관 대제학을 지낸 남공철南公轍, 1760~1840에게 글을 받아 1818년에 은해사에 석비石碑를 세울 정도로 영향력 있는 문중으로 성장했으며, 그 주축에는 설허 스님이 있었다. 설허 스님 또한 입적 후 그의 진영이 은해사 운부암과 김룡사 화장암에 봉안됐다.

진영의 주인공인 운악 스님은 찬자인 설허 스님보다도 알려지지 않은 분이다. 1978년에 형준炯埈 스님이 편찬한 『해동불조원류海東佛祖源流』에 따르면 운악 스님은 환성 지안 - 용암 신감 - 대암 국탄 - 무하 옥명無瑕玉明 - 호계 효헌虎溪曉軒 - 월파 달희月坡達熙의 법맥을 이었다. 은해사에는 운악 스님만이 아니라 월파 달희의 진영도 전하고 있어 영파문중과 같은 시기에 은해사에서 세력을 형성하였던 것으로 보인다.

단편적인 자료이지만 은해사에는 운악 스님의 자취가 남아 있다. 1816년에 건립된 영파 성규의 비에 운악 스님은 은해사 종사宗師로 기록됐으며, 1818년 은해사 백흥암 단청, 1829년 은해사 거조암 대법당 중수 불사에 참여하고, 은해사 기기암 아미타회상도19세기 전반, 수도사 괘불도 중수1822, 은해사 양진암 신중도1831에 증사證師를 맡아 은해사 승려로서의

아미타회상도, 영천 은해사 기기암
은해사 기기암 인법당의 아미타회상도의 화기에는 운악 스님이 산중종사로 기록되어 있다.

역할을 다했다.

운악 스님의 진영이 제작되자 제자들은 은해사에서 함께 지내 온 설허 스님에게 찬문을 부탁하였을 것이다. 설허 스님은 진영을 바라보며 고귀한 성품과 지남철과 같은 행동으로 세상을 밝히고 염불선을 닦은 운악 스님의 삶을 찬문으로 녹여 후세가 기억토록 했다.

침명 한성 枕溟翰醒

# 어리석은 나루에 '보배 뗏목'

曲肱爲枕臥南溟
翰墨場中夢未惺
名號終知非實事
出門木像豈眞形

팔베개하고 햇빛 찾아 누워
책 속에서 꿈을 깨지 못하다가
명호가 진실이 아닌 줄 알았는데
문을 나오는 목상이 어찌 참모습일까.

—

這箇一軸眞影　近前仔細看
云我枕溟和尙　元是古淸凉
手把敎網子　一笑無言坐
羅籠諸龍象　眉放紫金光

枕溟堂大和尚真影
五世

楓溪

自題

曲肱為枕臥南溟
翰墨場中夢未惺
名駒絲知冰寶事
出門木像豈真形

名駒価倍
名駒価倍
永祠弁檜

有緣此土
法雨漫天
道俤甫敬

逆津寶筏
苦海慈航
門下小孫浩鵬振洪升讚

遠箇一軀真影
云我枕溟和尚
手把教網子
羅籠諸龍來
弟子涵溟太先與手謹讚

迫前仔細看
元是古清凉
一笑無言坐
眉放紫金光

**침명당대화상진영** 枕溟堂大和尙眞影
근대, 면, 115.5×54.8, 순천 송광사 풍암영각

이 한 폭의 진영을 가까이에서 자세히 보니

우리 스님을 침명 화상이라 말하지만 본디 청량 국사의 후신

이다.

손에 잡은 교학으로 한 번 웃고는 말없이 앉아

제방의 용상을 그물로 끌어올리고 미간에서 자금색 광명을 비

춘다.


—


有綠此土　迷津寶筏
法雨漫天　苦海慈航
夙德超倫　遺像肅敬
名翼価倍　永祠嘗禴


인연 있는 이 국토에 어리석은 나루의 보배 뗏목으로

법비를 하늘 가득 내리고 고통의 바다에 자비로운 배다.

큰 덕으로 윤리를 뛰어넘어 남긴 모습을 더욱 공경하니

그 이름은 배가 되고 영원히 봄가을로 제사지낸다.


———


송광사에 모셔진 침명 한성 枕溟翰醒, 1801~1876 선사 진영에 실린 세 편의

영찬이다. 첫 번째는 침명 한성의 자찬이고, 두 번째는 제자 함명 태선의

찬문이며, 마지막 영찬은 문중의 3세손 호붕 진홍의 찬문이다.

침명 스님은 부휴 선수의 10세손으로 풍암 세찰의 법맥을 계승했다. 스님은 화엄종주대법사라 칭송받을 정도로 강학에 뛰어나 송광사를 비롯해 인근 태안사와 선암사에 주석하며 후학을 양성했다. 강맥講脈은 서산 휴정의 후손인 함명 스님에게 전승되었고, 선암사는 근세 강학의 중심 사찰로 만개했다. 침명 스님이 입적하자 송광사와 선암사에는 진영이 모셔지고, 승탑과 탑비는 선암사에 세워졌다.

침명 스님은 자신의 진영을 법호와 법명이 허상이듯 역시 허깨비라 평했다. 그러나 함명 스님은 영찬을 올려 청량 국사와 같은 뛰어난 기량과 우수한 인재를 길러낸 스님의 참모습을 알리고자 했고, 후손 호붕 스님은 제례를 통해 선사先師를 존숭하고 추모하는 마음을 영찬에 표현했다.

영해 인홍<sup>暎海仁洪</sup>

# 단청으로도 표현할 수 없음이여…

色相空兮　色相不空
近看似洪上人　遠看似暎海師
畵虎難畵然　描水不當五色染
毫利入莫丹靑　其師心虎
水色竊取譬焉　空空


색과 모양이 공인가, 색과 모양이 공이 아닌가? 가까이 보면 인
홍 스님 같고 멀리서 보면 영해 스님이다. 호랑이 그림을 그릴 적
엔 포효하는 모습을 그리기 어렵고, 물을 묘사할 적에는 오색으
로 그리기가 마땅하지 않다. 조금도 표현할 수 없는 단청이나 스
님의 마음과 포효하는 호랑이를 물의 색을 가져다가 비유한 것이
다. 공은 공이다.

**부종수교화엄강주영해당진영**扶宗樹敎華嚴講主暎海堂之影

1891, 비단, 121.7×82.4, 남해 용문사 주지실, 경상남도 문화재자료 제412-1호

1891년에 류석초劉錫初, 19세기 후반 활동가 남해 용문사에 모셔진 영해 인홍
暎海仁洪, 1855~1884 활동 스님 진영에 남긴 영찬이다. 류석초가 어떤 인물인
지 알 수 없으나 찬문만이 아니라 영해 스님의 행장을 지어 진영 뒤편에
남긴 것으로 보아 스님과 막역한 사이였던 것으로 짐작된다. 류석초는
호랑이의 포효하는 모습과 물빛의 오색을 그려내기 힘들 듯 진영에 스님
의 색상色相을 담는 것이야 말로 공空하디 공空한 일이라는 찬문을 지었
다. 그리고 진영과 영찬으로도 미처 표현하지 못한 스님을 기리기 위해
짤막한 행장을 더하였다.

영해 스님의 속성은 박 씨로 13세에 불문佛門에 들어 17세에 출가했다.
20세에는 영남과 호남 명산의 법사를 쫓아 수백 권의 경전을 읽고 담론
을 통해 배움을 터득했다.

스님은 교학자로 이름을 크게 떨치지는 못했으나 부처님의 가르침을 배
우는 데 성심을 다했던 것으로 보인다. 행장에 전하지 못한 또 다른 스님
의 자취는 남해 화방사에 뚜렷하게 남아 있다.

영해 스님의 5세 조사五世祖師인 석순碩淳과 4세 조사인 성연性演 스님은
서산의 법손 계원戒元 · 영철靈哲 스님이 임진왜란 피해를 입은 화방사를
중창할 때 이를 도왔다고 한다. 이 인연은 이후 영해 스님에게도 이어져
19세기 후반 화방사의 크고 작은 불사에 중추적인 역할을 담당하게 됐
다. 스님은 1855년에 명부전 지전持殿의 소임을 맡아 명부전 불화 제작을
주도했으며, 이어 1860년 나한전 수리 및 개채, 1876년 채진루彩眞樓 및
첨성각 수리, 1879년 응향각 및 선당을 중수하는 데 도감과 화주를 담당

했다. 수십 년에 걸친 화방사 불사에 진력한 영해 스님의 공덕은 하전荷田 정규석鄭圭錫의 시로 승화되었으며, 이 시는 채진루에 걸려 사찰을 들른 이는 누구나 스님을 기억할 수 있게 했다.

지장보살도, 남해 화방사, 경상남도 유형문화재 제496호
영해 스님이 1885년 남해 용문사 명부전의 지전 소임을 맡았을 때 제작되었다.

의운 자우 <sup>意雲慈雨</sup>
# 팔도 승풍 관장한 대선사

讚曰
漪歟　吾祖之德也
德峯長在
大乘寺永牢
雙蓮花開處
四佛放玉毫

찬하여 이르노니
아, 우리 법조의 공덕이여
공덕 산이 장대하고
대승사를 영원하게 하였으니
한 쌍의 연꽃이 꽃 피우는 곳에
사방에 부처님이 옥호광명을 놓는다.

선교양종대각등계표충사수호겸팔로승풍두정도총섭시암재도창주의운당대선사자우진영

禪教兩宗大覺登階表忠祠守護兼八路僧風糾正都捴攝是菴再度創主意雲堂大禪師慈雨之眞影

19세기 말~20세기 초, 비단, 111.0×81.5, 문경 대승사 청련당

대승사에 모셔져 있는 의운 자우意雲慈雨, 1858~1870 활동 선사 진영에 실린 취허 상순就墟尙順, 1865~미상의 영찬이다. 1913년에 취허 스님은 김룡사의 삼장보살도와 대성암 아미타불회도 제작에 증사證師를 맡았으며 같은 시기에 대승사 묘적암에는 의운 스님의 후손인 석운 봉정石雲奉政이 주석하고 있었다. 영찬 말미에 밝혔듯이 취허 스님은 의운 스님의 방손傍孫이며, 석운 스님은 의운 스님의 후손으로 모두 환성 지안의 법맥을 계승했다.

평소 의운 스님 진영에 영찬이 없음을 안타까워하던 석운 스님은 취허 스님을 찾아가 '우리 법조法祖인 의운 스님은 평생 일로 불상을 그려 중생의 복전福田을 짓게 한 것이 곳곳에 한량없습니다. 또한 대승사가 화재를 당해 곤경에 처하자 의운意雲으로 맑고 밝은 자비의 비慈雨를 뿌려 가람을 중흥시켜 삼보가 길이 존숭하게 하였음에도 한 구의 찬송이 없습니다'라며 찬문을 부탁했다. 이에 취허 스님은 '대업에 이름이 없고 큰 공에도 덕이 없습니다. 옛사람이 무공무덕無功無德이란 뜻을 그대가 어찌 알겠습니까? 그러나 인생사 가장 어려운 것은 이름을 드날리는 것이며, 이름을 떨치는 데에는 반드시 어려움이 따릅니다. 어려움이 없이 어떻게 능히 이름을 천년에 전하고 사람들이 모두 우러르게 하겠습니까!'라며 사불산 대승사 쌍련당을 빛내고 평안토록 노력한 의운 스님을 찬하는 글을 지었다.

석운 스님이 취허 스님에게 설명했듯 의운 스님은 19세기 후반 사불산화파四佛山畵派를 이끈 수장으로 유명하다. 현재 스님이 그린 불화와 진영은

신중도, 울진 불영사 대웅전, 경상북도 유형문화재 제423호
의운 자우가 수화승을 맡아 1860년에 조성하였다.

양산 통도사, 영천 은해사, 울진 불영사, 서울 흥천사, 영월 보덕사 등지에 전한다. 그러나 취허 스님은 석운 스님에게 말하고자 했던, 천년에 전하고 사람들의 존숭을 받을 수 있는 의운 스님의 이름은 부처님의 형상을 표현하고 대승사를 다시 일으킨 중창주에 그치지 않았다.

취허 스님은 부처님 玉毫을 빛낸 사불산 대승사 의운 스님을 영찬에 담고자 했고, 이를 위해 선교양종을 통섭하고 밀양 표충사 종정 宗正을 지내면서 팔도의 승풍을 관장했던 대선사 大禪師라는 긴 영제 影題에서 그 이름을 찾아 영찬을 짓고 연유 緣由를 후세에 남겼다.

# 부처님 자비를 유가에 떨치다

大千人才 縕抱經綸
桔槹升沉 太牟沒淪
嗟嗟應虛 磊落其人
早托桑門 牢着脚垠
千年宗刹 大道蹄輪
運値歎飢 石廢並臻
都督高門 開走面陳
革剗藤厄 還長標畇
菴菴改觀 舍舍重新
靈鷲來賀 毒龍安身
中興事業 一世名振
善德家孫 來歷有因
脫然歸化 小海居震
大戒道傷 處揭綃真
英風傑傑 可眠三神
釋名儒行 於君見親

**국일도원장팔도도총섭선교양종가선대부응허당도협대선사진영**

國一都院長八道都摠攝禪敎兩宗嘉善大夫應虛堂燾冶大禪師之眞相

조선 후기, 비단, 124.4×81.4, 양산 통도사 영각, 경상남도 유형문화재 제450－50호

萬世在後 我言不塵

삼천대천세계의 사람들이 원대한 포부를 세우나
두레박처럼 오르내림에 절반이 꺾인다.
아아, 응허여 얼마나 많은 사람들이
불법문중에 의탁하여 머물다 갔는가?
천년 종찰에 대도를 전륜하였으나
흉년으로 기근이 들어 폐해가 심했다.
돈 많고 지체 높은 사람들을 찾아
마주하고 자세히 말해
가파르고 등나무 우거진 곳을 바꾸고
작물을 기르고 밭을 개간하였다.
암자마다 변모하고 요사마다 새로워져
영취에 축하하러 오고 독용도 몸을 편안하게 했다.
하는 일이 즐거워지고 한세상 이름을 떨치니
집안의 자손이 착하고 덕스러워 전통이 되는 원인이 되었다.
인연 굴레를 벗고 돌아가고 나서야 작은 바다에 큰 우레였으며
불법 문중이 슬퍼하였다.
그곳에 진영을 모시니
영웅호걸의 풍채로 걸걸하여 비로소 삼신三神이 잠들고
부처님 이름이 유가에 행해졌다.
그대들이 친견하고 만세 이후에도

내 말이 속되지 않으리라.

———

향산響山 이만도李晚燾, 1842~1910가 통도사의 응허 도협應虛燾洽, 1858~1872
활동 선사를 위해 지은 영찬이다. 찬자인 이만도는 이황李滉의 11세손으
로 고종과 순종을 모시며 요직을 지내다 한일합방이 진행되자 단식을 감
행해 순국한 애국지사로 유명하다. 응허 스님의 영찬은 그가 양산군수로
지내던 1877년에 지은 것이다. 양산군수 시절 이만도는 흉년에 어려움을
겪는 백성을 위해 구휼미를 방출하고 조세를 감면하면서 관찰사의 가렴
주구를 항의하였다. 이만도가 응허 스님의 영찬을 짓게 된 연유는 알 수
없으나 찬문에는 자신이 그러했듯 흉년 기근에도 개간으로 암자와 전각
을 중수하며 통도사와 승도를 지켜 낸 응허 스님을 기리는 마음이 투영
되어 있다.

응허 스님은 설송 연초의 7세손이다. 설송문중이 통도사에 주석하며 크
고 작은 어려움을 극복하였듯 응허 스님 역시 19세기 후반 통도사 응향
각, 보광전, 사리각 등을 중수하고, 산내암자인 안양암 중건과 보상암 신
건에 앞장섰으며, 사찰 운영을 위해 토지를 헌납하기도 하였다. 스님의
업적이 만세가 지난 후에도 티끌이 되지 않을 것이라 자부했던 이만도의
찬문 내용 그대로 이후 통도사에는 스님의 업적을 기리는 보사비補寺碑,
1898와 영세불망비永世不忘碑가 세워졌다.

# 19세기 고운사 참스승

自題曰
爾非我 我非爾
爾若我乃何聲音笑談之寂然無聞
我非爾亦何拂影形之七分相似 噫
爾是一幅素面我是五蘊積陰身
爾耶我耶俱非眞安淂非眞中悟眞 咄


<u>스스로 말하기를</u>

네가 나 아니고 내가 너 아니다.

네가 나라면 소리 내어 웃고 이야기하는데 조용히 듣지 못하고

내가 너 아닌데 어찌 그림 속의 모습이 닮았는가? 슬프다.

너는 한 폭의 비단이요 나는 오온으로 된 몸이다.

너와 나 참된 모습 아니니 참모습 아닌 가운데 참모습 깨닫는다.

돌!

**양종정사함홍당대선사치능진영** 兩宗正事涵弘堂大禪師致能之眞影
조선 후기, 비단, 120.5×83.0, 의성 고운사 연지암

고운사에 모셔진 함홍 치능涵弘致能, 1805~1878 선사 진영에 적힌 스님의 자
찬이다. 함홍 스님은 19세기 후반 고운사를 대표하는 강백이자 문장가로
이름이 높았다. 특히 내전만이 아니라 외전에도 밝아 당대 사대부들과
시와 문장을 나누며 교류하였다. 입적 후 제자 야산 명원野山明遠 등은 스
님의 글을 모으고 당대 명사에게 서문을 받아 『함홍당집涵弘堂集』1879을
간행했다. 진영에 실린 자찬은 행장과 함께 유고집에 수록되어 있다. 함
홍 스님의 자찬은 불가佛家 특유의 역설적 화법으로 실존적 나와 나를 그
린 진영 모두 참모습이 아니며 그 가운데서 진정한 참모습을 찾기를 바
라는 내용을 담고 있다.

함홍 스님은 환성 스님의 9세손으로 포월 초민 – 영월 응진 – 야운 시성野
雲時聖 – 모은 대유慕恩大有 – 봉암鳳巖 – 운파雲坡 – 송암 의탄松庵義坦의 법
맥을 계승했다. 스승인 송암 스님은 속가의 숙부로 어린 나이에 부모를
잃은 함홍 스님을 맡아 양육했다. 송암 스님은 함홍 스님이 출가를 결심
하자 삼장三藏에 능통하지 않으면 일심一心이 명료하지 않아 수행에 어려
움을 겪을 것을 걱정해 유계酉溪 김공金公에게 사서삼경과 제자백가 등을
배우기를 권하였다. 이때의 배움은 함홍 스님이 강백이자 문장가로 대성
하는 데 밑거름이 됐다. 이후 18세에 구담 전홍 스님에게 구족계를 받고
혼허 지조混虛智照 스님과 팔봉八峯 스님에게 가르침을 받은 후 30세에 고
운사로 돌아와 강원을 세웠다. 스님은 고운사에서 학인學人을 길러내는
한편 산내암자인 운수암雲水庵을 중창하고 불량답을 헌토하는 등 사찰을
위해 일생 공덕을 행하였다.

정봉 경현<sup>靜峯景賢</sup>

# 자비와 인의가 3대를 잇다

慈仁積累　賴被後昆
追慕德義　敢忘其恩
靈珠出髓　窮劫永存
模寫七分　師承有源

자비와 인의를 쌓아 후손에게 미치니
덕과 의를 추모하며 감히 그 은혜 잊으리
영주사리가 정수에서 나와 겁이 다하도록 남겨 두고
진영을 그려 놓으니 스승을 잇는 근원이 되네.

---

김룡사에 모셔진 정봉 경현<sup>靜峯景賢, 1867~1880 활동</sup> 선사 진영에 실린 눌암
정찬<sup>訥庵政燦, 1867~1880 활동</sup>의 영찬이다. 정봉 스님은 환성 지안의 후손으
로 대승사와 김룡사를 중심으로 번성했던 괄허 취여의 법맥을 계승했다.
『괄허집』에 수록된 행장에는 '(괄허)대사의 법을 이은 이가 10여 명이 있

338

**시암중창주정봉당대선사경현진영**是庵重刱主靜峯堂大禪師景賢之眞影

조선 후기, 비단, 111.8×75.1, 김천 직지사 직지성보박물관

으나 완송 척전 玩松陟詮이 골수를 이은 사람이다. 완송이 정봉 경현을 배출하니 정봉은 부지런히 법을 닦고 염불삼매경에 들었으며 시적 示寂하던 날은 산이 울고 골짜기도 함께 응하였다. 화화 化化하던 날 저녁에 사리가 빛나고 신령스러우니 이는 보기 드문 상서로운 모습'이라는 정봉 스님에 관한 짧은 글이 남아 있다. 스님의 사리는 1887년에 김룡사 일주문 옆 언덕에 세워진 승탑에 모셔졌다.

찬자인 눌암 스님은 영찬 말미에 자신을 화악문인 華嶽門人이라 소개하고 있다. 눌암 스님이 화악 지탁의 후손임은 화악 스님의 유고집인 『삼봉집』에서 확인된다. 『삼봉집』에는 화악 지탁의 3세손이자 화담 스님의 수선제자 受禪弟子로 눌암 스님이 올라 있다.

19세기 후반 눌암 스님은 화악 스님, 화담 스님과 인연이 깊은 김룡사에 주석하면서 정봉 스님, 그리고 그의 제자 용계 우홍 龍溪宇弘과 함께 화장암 중창 1867에 참여했고, 김룡사 사천왕도 조성 1880에는 정봉 스님의 손 상좌인 두암 서운과 함께하며 3대에 걸친 인연을 돈독히 이어 갔다. 이처럼 오랫동안 정봉 스님과 후손을 지켜본 눌암 스님은 정봉 스님 후손의 번성함이 스님의 자비와 인의에 비롯되었으며 스님의 진영이야말로 그 증명이라는 추모의 찬문을 남겼다.

# '무상원각' 좌복 남기다

水需影子　月華傳神
以心觀心　一諦眞眞
寂然守吾　夕無幻塵
無上圓覺　不二玅緣
于嗟茶毗　悤其蒲團


물 속 그림자는 달빛으로 전하니 신비롭고
마음으로 마음을 관하니 일체가 진실이라
삼매에 든 나는 아무런 망상이 없다.
위없는 원각圓覺은 둘이 아닌 미묘한 인연
아, 다비해 마치니 좌복이 허전하다.


청암사에 모셔진 화운華雲, 19세기 전반 활동 선사 진영에 실린 이인설 李寅卨, 1862~1881 활동 의 영찬이다. 화운 스님의 진영에는 법호만 적혀 있어 법명

**선교양종화운당대선사진영**禪教兩宗華雲堂大禪師之真

조선 후기, 비단, 120.0×81.0, 김천 직지사 직지성보박물관

은 알 수 없으나『청암사중수기』에 포봉 苞峰 스님의 문도로 기록되어 있다. 포봉 스님 역시 법명은 알 수 없으나 청암사에 진영이 전하고 있으며 중수기에 회암 정혜의 5세손이라 소개했다. 18세기 회암 스님이 청암사에 주석하고 용암 채청 龍巖彩晴 등 많은 제자들을 양성하면서 청암사는 자연스레 회암문중의 세거사찰世居寺刹이 되었다. 18세기 말 화재로 청암사가 소실되자 많은 스님들이 나서 사세를 회복하고자 했다. 회암 스님의 6세손인 화운 스님 또한 퇴락한 청암사의 모습을 안타까워하던 스승 포봉 스님의 뜻을 받들어 청암사를 중수하는 데 참여했다.

청암사사적비 靑巖寺事蹟碑, 1914 에는 포봉 스님과 화운 스님이 영각을 중수하고 요사의 기와 불사를 행하였다고 기록했다. 이처럼 화운 스님은 19세기 전반에 일어난 청암사 중창 불사를 하면서 선사先師를 기리는 영각을 중수하여 회암문중의 위상을 높이고자 노력했다.

이인설은 고종 연간에 성균관 대사성, 이조참판, 한성부 판윤, 의정부 좌참찬과 우참찬 등을 역임했던 문신으로 화운 스님을 비롯해 허정 虛靜, 오봉 吾峰, 영송 影松 등 여러 스님들의 진영에 찬문을 남겼다. 이인설은 철종 연간에 성주목사 星州牧使 를 지내면서 청암사와 인연을 맺기 시작했고 이후 친분이 깊었던 이원조와의 교류를 통해 청암사 진영에 영찬을 짓는 인연까지 더해졌던 것으로 추정된다. 이원조는 성산 한개마을 출신으로 이인설과 마찬가지로 청암사의 용암 채청을 비롯한 많은 스님들의 진영에 찬문을 남겼다. 다만 화운 스님과의 직접 인연이 있었던지 영찬에 스님이 이룬 무상원각無上圓覺을 칭송하는 한편 입적 후 남겨진 빈 좌복에 스님을 그리는 안타까운 자신의 마음을 표현했다.

환월 시헌 幻月時憲

# 다시 나타난 부루나

以如幻身 現如幻世界
設如幻法 度如幻衆生

헛된 몸으로 헛된 세상에 나타나
헛된 법을 설하고 헛된 중생을 제도하였다.

———

선암사에 모셔진 환월 시헌幻月時憲, 1819~1881 선사 진영에 실린 경운 원기
擎雲元奇의 영찬이다. 환월 스님은 순천 출신으로 14세에 선암사의 영숙
장로永淑長老에게 머리를 깎고, 계봉 심정溪峰心淨 스님에게 구족계를 받았
다. 계봉 스님에 이어 상월 새봉 - 용담 조관 - 혜암 윤장 - 눌암 식활의
법맥을 계승해 서산 휴정의 11세손이 되었다. 19세기 후반 조계산의 많
은 스님들이 문중을 불문하고 침명 스님에게 가르침을 받았듯이 환월 스
님 역시 침명 스님에게 경經과 선禪을 배웠다. 33세에는 패엽사 월출암
에서 삼 년간 바깥출입을 금하고 『법화경』 강독을 일과 삼아 정진했다.

**환월당대종사진영**幻月堂大宗師眞
조선 말~근대, 비단, 120.7×70.7, 순천 선암사성보박물관

스님은 『화엄경』 한 부를 칠 일 이내에 읽을 수 있을 정도로 교학에 밝았으며, 특히 『법화경』에 대한 이해가 깊어 세상은 '부루나富樓那가 다시 나타났다'고 칭송하였다.

진영에 찬문을 쓴 경운 스님은 환월 스님의 제자이다. 경운 스님은 17세에 연곡사 환월 스님에게 출가했다. 30세에 경붕 스님의 강석講席을 이어받아 침명 한성 – 함명 태선 – 경붕 익운에 이어 선암사의 강학을 꽃피웠다.

스님은 명필로 이름이 높아 29세에 명성황후 민비의 발원으로 통도사에서 금자법화경을 서사하였고, 45세에는 선암사에서 육 년 동안 『화엄경』 전질을 필사했다. 경전을 서사할 때에는 한 글자를 쓸 때마다 한 번 절하는 일자일배一字一拜 수행법을 행하였다. 환월 스님 진영의 영찬은 경운 스님이 학덕이 무르익고 명필로 이름을 떨치던 29살에 짓고 쓴 것이다.

환월 스님은 특이하게 진영에 생전의 모습을 그리지 않았다. '환월당대종사幻月堂大宗師'라는 법호가 적힌 위패가 표현되어 있고, 위패 주변에는 평소 탐독했던 『법화경』 일곱 권과 교학을 상징하는 지필묵, 길상함을 의미하는 영지를 문 사슴과 잉어가 그려져 있다. 일찍이 추사 김정희는 화악 지탁 스님이 진영을 남기지 않으려는 마음을 읽고 "華嶽화악"이라는 두 글자를 써서 진영을 대신토록 하였다. 이는 법호만으로도 스님의 삶과 사상을 충분히 대변할 수 있음을 의미한다. 경운 스님도 형상에 구애받지 않고 환월 스님의 '幻'에 기대어 허상처럼 오고 가신 듯하지만 스님의 설법이야말로 진정한 중생 제도였음을 선명한 필묵을 통해 남기고자 하였다.

# 선암사 중흥 '호암의 후신'

和光染跡 德洽一道
卓然出羣 無心如雲
封山補寺 遺像肅敬
有功有勳 永世芬芳

지혜를 감춘 중생의 자취로 덕은 도를 윤택하게 하고
탁월하고 특출하나 무심하기가 구름과 같다.
산에 들어 절을 보살폈기에 모습을 남겨 공경하고
공로와 충훈이 있으니 영원히 빛나리라.

—

倚天長劍兮生鐵氣鋼  年老矍鑠
照塘靈臺兮古鏡光涵  髮疎鬒鬢
行不束樸兮  比棗柏
切堪上石兮  似護巖

**철경당영관진영** 鐵鏡堂永寬之眞影
조선 말~근대, 면, 138.5×79.3, 순천 선암사성보박물관

秖樹入晦　曇花浮紅
篆香微籠繡龕

하늘을 지탱하는 장검에는 생철의 기강으로 나이가 들어도 정정
하고
연못에 비치는 영대에는 옛 거울에 빛이 잠기고 수염이 성글게
흐트러졌다.
오가는 데 걸림이 없어 조백에게 비교되고
기꺼이 윗돌을 감내하니 호암과 같다.
숲 우거진 어두운 곳에 들어가니 우담발화 붉게 피고
전단 향이 은은하게 감실에 감돈다.

―

선암사에 모셔진 철경 영관鐵鏡永寬, 1819~1889 스님 진영에 실려 있는 두
편의 영찬이다. 첫 번째 영찬의 찬자는 함명 태선이며, 두 번째 영찬의
찬자는 예운 혜근이다.
진영의 주인공 철경 스님은 환성 지안의 후손으로 함월 해원 – 완월 궤홍
– 한봉 체영 – 화악 지탁 – 화담 경화 – 수월 묘행水月妙行 – 고경 성윤古鏡
性潤의 법맥을 계승했다.
스님은 17세에 선암사에서 독서하다 발심해 재윤在允 스님에게 출가했
다. 이후 침명 스님에게 가르침을 받고 수행에 뜻을 두어 지리산 칠불암,

연곡사 서굴, 설악산 봉정암에서 염불 정진했다. 이후 선암사로 돌아와 사찰의 폐해를 혁파하고 승풍을 높이는 데 진력을 다했다.

1859년에는 승도의 뜻을 모아 도승통道僧統 문제를 혁파하고, 1866년에는 흥선대원군을 찾아가 선암사 인근 사찰림을 보호하기 위한 봉계封界를 허락받았다.

이런 철경 스님의 행보는 18세기에 선암사를 중흥한 호암 약휴에 버금가기에 스님의 꿈에 사미가 나타나 '호암의 후신'이라 했다는 일화가 전한다.

철경 스님의 삶은 두 스님이 지은 영찬을 통해 고스란히 드러난다. 철경 스님과 시대를 같이한 함명 스님은 봉산보사封山補寺를 칭송하는 찬문을 남겼고, 함명 스님의 3세손인 예운 스님은 호암 스님과 같은 기개로 선암사를 지켜 낸 철경 스님을 추모하는 글을 지었다.

# 해인사 위해 모든 것을 비우다

日鋤田
夜執念珠坐燈前
補寺空諸所有
事事無間一心專
區區一身
己知假寓
世法佛法
早是以爲戲具
生不生死不死
壽量何曾有短長
兒孫不親到者
爲先留影在堂

낮에는 호미 들고 밭을 매고
밤에는 염주 잡고 등불 앞에 앉았다.
절을 보수하는 데는 있는 것 모두를 비웠고

**예봉당대선사평신진영**禮峯堂大禪師平信之眞相
1936, 면, 108.8×71.6, 합천 해인사 홍제암

일할 때에는 쉼 없이 일심으로 진력했다.

보잘 것 없는 이 한 몸

거짓임을 안다.

세상 법이든 부처님 법이든

일찍이 희롱하는 도구이니

나고 죽는 것이 아니다.

목숨에 어찌 길고 짧음이 있겠는가?

자손들도 친히 가려 하지 않으니

먼저 진영을 당에 모셔둔다.

———

해인사 홍제암에 모셔진 예봉 평신禮峯平信, 1819~1896 선사 진영에 실린 남전 한규南泉瀚奎, 1868~1936의 영찬이다. 찬자인 남전 스님은 예봉 스님의 손상좌로 완허 장섭玩虛伏涉의 제자이다. 이들은 18세기부터 해인사에 세거했던 상봉 정원의 후손들이다.

19세기 후반 예봉 스님은 해인사에 머물면서 불화를 조성하고 전각을 수리하는 데 수백금數百金을 시주하였으며 해인사와 산내암자에 토지를 헌납하는 등 사찰 운영을 위해 전력을 다하였다. 이와 같은 스님의 행보는 절을 보수하기 위해 가진 것을 모두 비우고 일에 있어서도 일심으로 진력했다는 영찬 내용 그대로이다.

뿐만 아니라 작은 체구에 선한 인상을 한 스님의 모습은 낮에는 밭을 매고 밤에는 수행을 하였다는 내용처럼 소박하고 수행을 추구했던 스님의 모습 그대로이다. 이처럼 드러내지 않고 묵묵히 해인사를 위해 노력했던 스님을 기억하기 위해 문도는 홍제암에 승탑과 비를 세우고 진영을 모셨다.

# 어느 채색이 성덕에 미치겠는가

畫鳳能及其廉乎 羽而已
畫人能及其心乎 貌而已
此漢松和尙之影
能及其聲德乎 架彩而已
愚之讚語又伴
旣和尙生斯吉
以普甘露法雨
於無限人天之化乎
難天舌斯拙而已

화봉이 그의 청렴함에 미칠까? 깃털일 뿐이고,
화인이 그의 마음에 미칠까? 모양일 뿐이다.
한송 화상의 진영이
성덕에 미치겠는가? 채색일 뿐이다.
찬을 짓는 것도 어리석은 것으로
화상은 태어날 때부터 훌륭했다.

**한송당대선사가평진영**漢松堂大禪師佳坪眞影

1886, 면, 112.0×77.0, 안동 봉정사 영산암

감로의 법우로 두루 적시고
한없이 인간과 천상을 교화하였다.
하늘을 알지 못한 필설은 졸작일 뿐이다.

———

봉정사 영산암에 모셔진 한송 가평漢松佳坪, 19세기 후반 활동 선사 진영에 실린 영찬이다. 찬자의 이름이 없어 누가 찬문을 지었는지 알 수 없으나 진영이 스님의 참모습에 미치지 못하듯 스님의 수승殊勝함을 글로 표현하는 일이야말로 어리석다 할 정도로 겸손한 마음이 영찬에 담겨 있어 제자가 지은 것으로 추정된다.

한송 스님은 환성 지안의 8세손이자 포월 초민의 7세손이다. 17세기 말~18세기 초 경상북도에 정착한 포월 초민과 그의 후손은 안동, 포항, 문경, 상주 등지에서 번성했다. 특히 봉정사는 포월문중의 세거사찰이었다. 한송 스님은 포월 초민 – 영월 응진 – 야운 시성 – 완화 혼각翫華混珏 – 벽파 해운碧波海雲 – 동파 채련東坡采蓮 – 영봉 유유永峰有裕의 법맥을 계승했다. 야운 스님 이후 후손들의 행적은 알 수 없으며 한송 스님 또한 진영을 제외하고 그 자취를 찾을 수 없다. 한송 스님의 진영 조성은 상좌 환곡 대연幻谷大衍을 위시해 손상좌孫上佐, 증손상좌曾孫上佐 등이 앞장서 진행되었으며 직계는 아니지만 같은 포월문중 출신 화승畵僧 한규翰奎, 1881~1891 활동 스님이 제작을 맡아 1886년에 완성됐다.

한송 스님의 진영 조성은 봉정사를 기반으로 한 포월문중에게 있어 매우 의미 있는 불사였다. 한송 스님 진영이 모셔진 후 제자인 환곡 대연의 진영과 구성 긍섭九成兢燮 진영 1929 및 손상좌 영은 해원影隱海原 진영 등이 차례로 봉정사 영산암에 봉안됐다.

1760년대 포월 스님 3세손인 월암 지한 스님이 서산 · 사명 · 환성 · 포월 · 영월 · 설봉 스님의 진영을 봉정사 영산암에 모셔 문중의 위상을 세웠 듯 120년이 지난 후 한송 스님의 제자들은 스승의 진영을 영산암에 봉안 함으로써 포월문중의 역사성과 정통성은 20세기까지 지속될 수 있었다.

두암 서운<sup>杜巖瑞芸</sup>

# 바른 마음가짐이 내 평생 일

自詠
直心 在我平生事
誰識
精松老古嶽

스스로 읊다.
바른 마음가짐을 내 평생의 일로 하였으나
누가 알겠는가?
맑은 소나무가 옛 산에서 늙어 가는 것을.

---

김룡사에 모셔진 두암 서운<sup>杜巖瑞芸, 1858~1886 활동</sup> 선사 진영에 실린 자찬
이다. 스님은 진영을 바라보면서 평생 바른 마음가짐에 진력한 자신이
맑은 기운을 품은 소나무와 같다는 글을 남겼다.
수행자로서 반듯하게 살았노라 자부할 정도로 두암 스님의 삶은 정갈했

**두암당대선사서운진영**杜巖堂大禪師瑞芸之眞影

조선 후기, 비단, 110.7×74.4, 김천 직지사 직지성보박물관

다. 이에 대해 『괄허집』의 「괄허대화상행장」에 다음과 같은 글이 수록되어 있다.

두암 스님은 효를 행하고 계율을 단속하는 일에 있어서
어버이 섬기듯 스승을 섬겼고, 구슬을 보호하듯 몸가짐
을 바르게 하여 총림에 이름이 높았다.

杜巖有孝行戒檢事師如事親護身如護珠有名於叢
林

괄허 취여의 유고집인 이 책은 스님이 입적한 후 90여 년이 지난 1888년에 간행됐다. 비록 간행 시기는 늦어졌지만 후손들은 괄허 스님의 행장에 완송 척전 – 정봉 경현 – 용계 우홍 – 두암 서운 – 경운 이지 景雲以祉 등 후손의 짤막한 행장을 수록해 번성했던 문중의 사세를 후대에 길이 남도록 했다.

두암 스님은 괄허 스님의 5세손으로 괄허 스님이 입적하고 괄허문중이 대대로 세거 世居 했던 김룡사 양진암에 주석하며 김룡사와 도리사에서 활동했다. 특히 김룡사에는 30여 년에 걸쳐 사찰의 역사와 같이한 스님의 행보가 남아 있다. 스님은 1858년에 김룡사 명부전 중수 및 불상 개금과 지장시왕도 조성에 참여하기 시작하여 1880년에 사천왕도 제작까지 김룡사의 일원 一員 으로 그 몫을 담당했고, 화장암 중창 1867 과 대성암 중수 1886~1888 에 동참하는 등 김룡사와 산내암자의 사세를 유지하는 데 노력

지장시왕도, 문경 김룡사

했다.

기록에 전하지 않으나 두암 스님 역시 문중 어른들과 마찬가지로 부처님의 가르침을 펼칠 제자들을 양성했고, 제자 가운데 경운 스님은 밀양 표충사 종정의 자리에 오르기도 했다.

두암 스님이 입적하고 진영은 조사祖師 괄허 스님 진영이 모셔진 김룡사 양진암의 영당에 봉안됐다. 기일忌日이 되면 경운 스님을 비롯한 제자들은 진영 앞에 모여 예를 올리며 스승이 남긴 찬문을 유훈遺訓으로 생각하며 올곧은 삶을 본받고자 했을 것이다.

# 도솔천에서 친견할만한 스승

挺然其特頎然其長大

耳垂珠便腹而廣顙者 師之像也

一幅龍眠 或可髣髴 其儀狀至

若滿腔慈悲 方便無量

念念南無六道廻嚮

戒行則一刀兩段 襟韻則太和春風

大乘小乘 南源北宗辨之

若黎哲淄澠 於其中者

是豈丹靑之所能形容哉

明月自在 白雲孤往 苟因果之不爽

異日庶幾見斯人於兜率靈山之上


빼어나고 특이함은 풍채가 장대하고

귀불이 구슬 같으며 배가 나왔으며 이마가 넓다. 스님의 모습
이다.

한 폭의 진영이 조금은 비슷한 것 같으나 그 위의와 모습은 똑

**선교양종오성당우축대선사진영**禪教兩宗五聲堂右竺大禪師之真
1891, 모시, 138.5×92.1, 양산 통도사 영각, 경상남도 유형문화재 제450-48호

같다.

마음속에 자비로 가득하고 방편이 무량하며

생각 생각이 육도 회향하는 것이다.

계행은 단칼에 베는 듯하나, 옷깃에서는 태화강 봄바람이 분다.

대승과 소승, 남종과 북종을 모두 구분함이

열자의 치수와 승수를 분별함과 같다. 저 가운데를

어떻게 단청으로 그릴 수 있겠는가?

밝은 달은 자유롭고 구름은 홀로 흘러가니 참으로 인과가 분명하다.

다른 날에 몇 명이나 이 사람을 도솔천 영산회상에서 볼까?

남정철 南廷哲, 1840~1916 이 1891년에 오성 우축 五聱右竺, 1866~1890 활동 스님을 위해 지은 영찬이다. 찬자 남정철은 조선 말기 성리학의 대가인 유신환 兪莘煥, 1801~1859 의 문하로 김윤식 金允植 과 함께 배웠으며, 공조참판, 한성판윤, 내부대신 등 고위 관료를 지냈다. 또한 덕수궁 대한문 중수 현판을 쓸 정도로 글씨에 뛰어났다.

통도사에 모셔진 오성 스님 진영에 적힌 영찬은 정성이 깃든 정연한 필치로 보아 상찬으로 보내온 글을 그대로 옮겨 적은 듯하다. 어떤 인연으로 남정철이 오성 스님의 영찬을 지었는지 알 수 없으나 스님의 풍채를 회상하며 '진영도 이와 같다'는 문장을 지은 것으로 보아 생전에 교류를 나누었던 것으로 생각된다.

오성 스님은 설송 연초의 7세손으로 응암 희유 – 경파 경심 – 동명 만우 – 학송 이성 鶴松理性 – 쌍호 회권 雙湖會權 의 법맥을 계승했다. 통도사에 주석했던 설송 문도가 모두 그러하였듯 오성 스님 또한 수행만이 아니라 문중에 구애받지 않고 사찰의 크고 작은 불사에 동참해 사세를 지켜 나갔다. 1866년과 1868년에 우담 유정 스님이 통도사 안양암 중수와 통도사 보상암 신축 불사를 주관하자 화주와 시주자로 참여하였고, 1890년에는 통도사 명부전 중수를 돕기도 했다. 뿐만 아니라 경운 원기 스님이 통도사 백련암에서 금자법화경을 사경할 때에는 주지이자 도감으로 사경 불사를 1880년에 마무리했다. 이를 아는 듯 찬자는 무량한 방편으로 자비를 베푼 오성 스님이 그 공덕으로 도솔천에 계심을 노래하였다.

# 용문사 드높인 화엄강주

居龍門大淵長老
講貝葉 大振玄風
掃寂後 無門徒
虎隱上座 報其敎授
納亨需
設影幀于 伽倻海印之中
長老之德 固是巍巍
虎隱之報 尤爲希有
以有差別 入不二門
箇是彌勒樓閣 極樂欄軒

용문사의 대연 장로는
경을 강의하며 크게 현풍을 떨쳤다.
입적 후에 문도가 없었는데
호은 상좌가 그의 가르침에 보답하고자
제사를 지내고

**부종수교화엄강주대연당정첨대선사진영**扶宗樹教華嚴講主大淵堂正添大禪師眞影
근대, 면, 113.9×70.0, 합천 해인사성보박물관

영정을 해인사에 모셨다.

장로의 덕이 참으로 높다.

호은의 보답함이 더욱 희유하다.

차별이 있는 것 같으나 둘이 아니다.

미륵의 누각이며 극락전 난간이다.

———

해인사에 모셔진 대연 정첨大淵正添, 1873~1899 활동 선사 진영에 실린 경허 성우 스님의 영찬이다. 경허 스님은 해인사 선원인 수선사에서 수행 정 진하던 중 사중에 모셔진 여러 선사 진영에 찬문을 남겼다. 영찬을 올린 선사 가운데 금우 필기錦雨弼基와 인봉茵峰 스님은 경허 스님과 같은 용암 혜언의 후손이다. 승보僧譜에 전하지 않으나 경허 스님의 영찬이 적힌 대 연 스님 역시 용암문도로 추정된다.

대연 스님은 19세기 후반 해인사에 머물면서 법보전 비로자나불도 제작 1873에 증사로 참여하고, 산내암자인 백련암에 모셔진 성봉 지희性峰智熙 선사 진영의 찬문을 짓기도 했다.

미처 기록에 남아 있지 않은 대연 스님의 자취를 채운 것은 경허 스님의 찬문이다. 영찬에 의하면 대연 스님은 남해 용문사에 주석했으며 화엄강 주華嚴講主로 세상에 이름을 떨쳤다. 대연 스님이 입적한 후 제자가 없어 기일忌日을 챙기지 못하자 가르침을 받은 호은 문성 스님이 나서 진영을 제작해 해인사에서 제사를 지냈다고 한다. 호은 스님은 용문사의 경허

비로자나불도, 합천 해인사 법보전
대연 스님은 1873년 해인사 법보전 비로자나불도가 제작될 때 증명을 맡았다.

능언 景虛能彦 스님에게 출가해 금우 필기 스님의 법을 이었다. 비록 호은 스님이 대연 스님의 법제자는 아니지만 법사인 금우 스님 진영을 제작할 때 같은 작가와 찬자에게 진영 제작과 영찬을 의뢰해 배움의 정을 준 대연 스님의 은혜에 보답하고자 했다. 이 희유 稀有한 인연을 경허 스님은 영찬에 담아 후세에 귀감이 되도록 했다.

금우 필기 錦雨弼基

# 부처님 같이 살다

虎隱之父　華雲之子
能文而賢　有德之士
非佛之言　不敢
非佛之心　不敢理
智者之知物無已
無已之已無終始
肅寫傳神永留千襈
稽首拈香敬讚其美


호은의 아버지요 화운의 아들이다.
글 잘하는 어진이며 덕 있는 선비이다.
부처님 말씀이 아니면 옳다고 하지 않고
부처님 마음이 아니면 진리라 생각지 않았다.
지혜로운 이의 앎은 다함이 없고
다함이 없다는 것은 끝도 시작도 없다는 것이다.
엄숙히 진영을 그려 영원히 천년에 머물게 하고

**부종수교용암직전금우당필기대선사진영**扶宗樹敎龍巖直傳錦雨堂弼基大禪師眞影
근대, 면, 112.2×69.2, 합천 해인사성보박물관

머리 숙여 향을 사르고 그 아름다움을 기린다.

———

해인사에 모셔진 금우 필기錦雨弼基, 19세기 후반 선사 진영에 실린 경허 성우 스님의 영찬이다. 진영에 적힌 영제의 '용암직전龍巖直傳'의 뜻 그대로 금우 스님은 용암 혜언의 4세손이며 포운 윤취에서 화운 관진으로 이어지는 법맥을 계승했다.

금우 스님의 행적은 알려진 바가 없으나 스승 화운 스님의 진영처럼 대종사를 의미하는 '부종수교扶宗樹敎'가 영제로 표기된 것으로 보아 해인사에서 상당한 덕망을 받았던 것으로 추정된다.

영찬을 지은 경허 스님은 근현대의 선종을 중흥시킨 대선사로 용암 스님의 4세손이자 용암 혜언 – 영월 봉율永月奉律 – 만화 보선萬化普善의 맥을 이었다.

경허 스님은 은사인 계허桂虛 스님의 추천으로 동학사의 만화 스님에게 내전과 외전을 배웠다. 동학사에서 강사로 이름을 떨치던 중 전염병에 죽은 수많은 이들을 본 후 강원을 철폐하고 선 수행에 매진했다. 1899년 경허 스님은 해인사에서 선원인 수선사修禪社를 창건하여 조당祖堂을 맡아 여름 안거를 위해 모인 선객을 이끌었다.

금우 스님 영찬도 경허 스님이 해인사 선원을 연 후 1901년에 지은 것이다. 두 스님은 용암 스님을 조사로 하는 같은 문중 출신에 활동 시기가 겹치는 것으로 보아 친밀한 관계를 유지했던 것으로 생각된다. 영찬에 특이하게 은사만이 아니라 제자인 호은 문성을 언급했으며 어질고 현명한 스님의 성품을 사실감 있게 서술했다. 금우 스님의 영찬은 경허 스님의 유고집인 『경허집 鏡虛集』에 수록되어 있다.

함명 태선<sub>函溟太先</sub>

# 주장자 끝에 눈이 있다

戲自題
昔在和州 五百年
天生眞覺 唱吾禪
如今地老 無靈氣
一箇函溟 大可憐

웃으며 스스로 찬한다.
과거 화주에 있으면서 오백년을
타고난 진각 국사는 우리의 선을 주창했으나
지금 이 땅의 늙은이는 영험이 없어
홀로인 함명이 참으로 불쌍하구나.

━

氣宇堂堂 棒頭有眼
取彼溟渤 擬議便差

**함명당태선진영**函溟堂太先之眞影
근대, 비단, 129.5×76.7, 순천 선암사성보박물관

貌如其心 奮無畏音
納之一函 潭北湘南

- 通政大夫 左承旨 李建昌 題

기세는 당당하고 주장자 끝에 눈이 있다.
검푸른 바다 물결치니 생각과는 같지 않으나
모습은 마음과 같아 두려움 없는 말을 한다.
함명을 거두니 담의 북쪽이요 상의 남쪽이다.

선암사에 모셔져 있는 함명 태선 函溟太先, 1824~1902 선사 진영에 실린 스님
의 자찬과 이건창 李建昌, 1852~1898 의 영찬이다. 함명 스님은 14세에 만연
사의 풍곡 덕인 豊谷德仁 스님에게 출가해 편양문중의 법맥을 계승하는 한
편 선암사 대승암의 침명 스님에게 삼장三藏을 배워 전강을 받았다. 이후
선암사의 북암과 남암에서 제자들을 양성하였고, 스님의 법맥과 강맥은
경붕 익운 景鵬益運, 1836~1915 - 경운 원기 - 금봉 병연 錦峰秉演, 1869~1916 에게
사자상승하며 근세까지 이어졌다.

함명 스님의 추모 사업은 금봉 스님에 의해 적극적으로 진행됐다. 금봉
스님은 1914년에 평소 친분 있던 여규형 呂圭亨, 1848~1921 에게 글을 부탁
해 함명 스님의 비碑를 선암사에 세웠다. 비슷한 시기 함명 스님 진영에

는 이건창의 영찬이 더해졌다. 이건창은 김택영金澤榮, 황현黃玹, 1855~1910과 더불어 한말 3대 문장가로 불렸으며, 이 글은 그가 좌승지左承旨였던 1891년에 지은 것이다. 선암사 스님들과 이건창은 광양 출신이자 구례에서 활동했던 황현에 의해 돈독해졌을 것이다. 황현은 20대에 서울로 올라가 이건창, 김택영과 친분을 쌓았고 구례로 귀향한 후 그를 중심으로 선암사 경붕·금봉 스님과 이건창의 교우 관계가 형성되었을 것이다. 비록 이건창이 일찍 세상을 떠났으나 함명 스님을 비롯해 스승 침명 스님, 후손인 경붕 스님과 경운 스님의 진영에 그의 찬문이 실리면서 4대에 걸친 선암사 강백과의 인연을 후세에 길이 남겼다.

# 근대의 대표 화승

顔慈相淸　道德氣像
心靜性敏　定慧精神
遵戒修行　不愧南山
工畵爲業　不下僧維
獻土扶寺　石碑是證
施恩布德　衆口其據
錦花淨淨　湖水空空
安用相爲　相亦空空
其不空者　丹靑莫狀
七分相似　老師之眞

얼굴은 자비롭고 모습은 청빈하여 도와 덕의 기상이며
마음은 맑고 성품은 영민해 정과 혜의 정신이다.
지계 수행을 존중해 남산 율종을 부럽지 않게 하고
그림을 그리는 것을 업으로 했으나 승가의 유나 소임을 놓지 않
았다.

**대선사금호당진영** 大禪師錦湖堂眞影
1934, 비단, 116.0×60.5, 공주 마곡사 진영각

토지를 헌납해 절을 돕고 비석을 세우는 데 증명을 하여
시주의 은혜와 보시의 덕을 대중들에게 이야기하고 증험했다.
금화처럼 맑고 맑으며 호수처럼 비우고 비워
편안하게 서로 쓰게 하되 모습 또한 비우고 비웠다.
비운 것도 아니다. 그린 그림으로 모양이라 할 수 없다.
칠분의 모습이 같으니 스님의 진영이라 한다.

마곡사에 모셔진 금호 약효錦湖若效, 1846~1928 선사 진영에 실린 향덕 수영
香德守永, 1919~1941 활동의 영찬이다. 금호 스님은 근대기를 대표하는 화승
畵僧으로 널리 알려져 있다. 50여 년에 걸친 작업을 통해 100여 점에 이
르는 불화를 남겼으며, 융파 법융融坡法融, 보응 문성普應文性, 호은 정연湖
隱定淵, 청응 목우淸應牧雨 등의 걸출한 화승들을 배출해 오늘날까지 금호
스님의 화맥이 지속되고 있다. 또한 법맥도 번성했다.

금호 스님은 19세기 충남에서 활동한 춘담 태연春潭太演, 1839 활동에서 포
봉 봉선抱鳳奉善, 1879~1889 활동으로 이어지는 법맥을 계승한 정관 일선의
후손이다. 금호 스님은 입적할 당시 자신이 소유한 전답의 3분의 2는 마
곡사에 헌납하고 나머지는 추월 만조秋月晩照 스님에게 주라는 유언을 남
겼다. 추월 스님은 금호 스님의 전법제자로 이후 법맥은 연암 경인蓮庵敬
仁과 춘호 정율春湖玎律로 이어진다.

금호 스님이 1928년 83세로 입적하자 제자들은 진영을 제작했다. 진영

조성에는 금호 스님이 불화를 조성할 때 보조 화승으로 참여했던 문손인 영성 몽화永惺夢華가 맡았으며, 찬문은 또 다른 문손 향덕 스님이 담당했다. 향덕 스님은 금호 스님과 그의 제자들이 불화를 제작할 때 증사證師를 맡아 활동을 지원했다. 금호 스님 또한 향덕 스님이 1928년에 마곡사 대웅보전 삼존불을 개금 중수할 때 큰돈을 내어 불사가 마무리되도록 도왔다. 이처럼 오랫동안 옆에서 금호 스님을 지켜본 향덕 스님은 화업畵業에서 얻은 재물을 사찰에 헌납하며 수행자로서 흐트러짐 없는 삶과 사상을 후세에 보인 스님을 기리는 찬문을 남겼다.

삼신불도, 합천 해인사
금호 스님은 1885년 해인사 대적광전 삼신불도
제작에 참여해 석가모니불도를 출초하였다.

완허 장섭 玩虛仗涉
# 스승 이어 조용히 해인사 중창

輕世繁華 依師出家
雖究文字經 亦不務得貪多
因人對事主柔 何處與我有敵
侍師三十年 常自察常自
生不離師側 死亦然
一片影 掛於堂前

세상 부귀영화 가벼이 하고 스님을 의지해 출가했다.
비록 문자 경전을 연구하나 또한 많은 것을 얻으려 힘쓰지 않았
다.
다른 사람에게 일을 시킬 때는 주인으로 겸손하며 어느 곳이든
나의 적이 있다 하였다.
스님을 모신 지 삼십 년 항상 스스로를 관찰하고 살펴
살아서는 스님의 곁을 떠나지 않았고 죽어서도 그랬다.
일편의 진영을 당전에 걸어 둔다.

**선사완허당대선사장섭진영**先師玩虛堂大禪師仗涉之真影
근대, 면, 110.7×73.0, 합천 해인사 홍제암

남전 한규 스님이 완허 장섭玩盧伏涉, 1849~1900 스님에게 올린 영찬이다. 1965년 5월에 환경 재수幻鏡在修, 1887~1983 스님은 남전 스님의 영찬을 해인사 홍제암에 모셔진 완허 스님의 진영에 옮겨 기록했다. 현재 이 영찬은 남전 스님의 유고집인 『남전한규선사문집』에 전한다.

완허 스님은 18세기 후반 해인사에 정착해 20세기 전반까지 상봉 정원 스님의 후손으로, 해봉 유기 - 영허 찬혜永盧贊慧 - 운곡 언보雲谷言輔 - 호운 지선浩雲志旋 - 예봉 평신으로 이어지는 법맥을 계승했다. 예봉 스님이 평생 교학에 힘쓰고 수행에 주력하면서 토지와 재산을 해인사와 산내암자에 헌납해 사찰 운영을 도왔듯이 30년 동안 스승을 모신 완허 스님 역시 그 가르침을 따라 토지와 재산을 내어 해인사의 중창을 도왔다.

찬자인 남전 스님은 완허 스님의 제자이며, 서자書者인 환경 스님은 예봉 스님의 다른 제자인 우운 선주友雲善舟 스님의 손상좌이다. 예봉 스님이 검박하고 올곧은 삶을 추구하였듯 환경 스님의 삶도 그러했다. 문장가로 이름이 높았던 남전 스님은 스승인 완허 스님과 옹사인 예봉 스님을 위해 영찬과 행장을 지어 자신의 문중만의 승풍僧風을 후세에 전하고자 했다. 특히 완허 스님의 영찬은 형이상학적 불교사상이나 미학적 담론보다는 자신의 눈으로 지켜본 스님의 소박한 삶과 투철한 수행관, 그리고 사찰을 위해 헌신했던 모습을 이야기하듯 담담하게 표현했다.

경운 원기擎雲元奇

# 각황사 최고 조계산 강백

自題
持珠執錫錦長衫
打樣做儀雖近哲
案上華嚴經一函
自慚心地抱饕餮

스스로 짓다.
염주를 지니고 주장자를 짚고 비단 장삼을 입었다.
모습과 위의는 비록 밝고 분명한 사람인 것 같으나
책상 위에 화엄경 한 질을 두었다.
마음에 탐함이 있는 것이 스스로 부끄럽다.

———

선암사 경운 원기擎雲元奇, 1852~1936 스님의 진영에 적힌 자찬이다. 경운
스님은 수행자다운 삶을 살았다고 스스로 자부하면서도 세상에 『화엄

**경운대선사진영**擎雲大禪師眞影

1917, 비단, 138.0×71.0, 순천 선암사성보박물관

경』을 남기는 부끄러운 마음을 글로 남겼다. 자찬에 언급한 '화엄경 일함
一函'은 경운 스님이 45세부터 51세까지 이르는 육 년 동안 선암사 대승
암에서 일행일배一行一拜하며 필사한 경전이다. 황현은 이를 두고 '조계산
의 경운 스님은 늙어 갈수록 배움이 더욱 근실하여 경을 읽고 설하는 것
도 부족해 이를 찬탄하였고, 찬탄하는 것도 부족하여 그 경전을 필사했
다. 심지어 화엄경 전부를 필사했으니 정밀하고 훌륭하여 보는 사람마다
귀신의 솜씨인가 의심했다. 아아! 세상에 경전을 높여 칭송하는 유학자
는 찾을 수 있어도 스님의 성심과 원력은 능히 발가락에 미치지 못하는
구나 曹溪擎雲上人 年愈老而學愈勤 誦說之不足而讚歎之 讚歎之不足 而幷鈔其書 至鈔華嚴全部
精好無比見者疑出鬼神 嗚呼 求之世儒號稱尊經而 其誠心願力有能跂此者乎'라며 발문을 남
겼다. 황현이 경운 스님의 『화엄경』에 발문을 짓게 된 것은 남파南波 김
효찬金孝燦, 19세기 말~20세기 전반 활동의 중개로 이루어졌다.

경운 스님을 위해 지은 김효찬의 영찬은 경운 스님 진영 오른편에 이건
창과 윤종균尹鐘均, 1861~1941의 영찬과 더불어 나란히 적혀 있다. 이건창
이 경운 스님의 수승한 기량을, 윤종균이 『화엄경』 필사의 공덕을 찬탄했
다면, 김효찬은 스님의 업적으로 기렸다.

경운 스님은 17세에 환월 시헌 스님에게 출가하여 선암사 대승암에서 경
붕 익운 스님에게 전강 받아 30세부터 후배를 양성하였고, 중앙에 각황
사가 세워지자 서울에 올라가 교화를 펼쳤다. 이러한 삶을 김효찬은 '강
의를 한 지 조계산에서 오십 년 각황사 내의 최고 어른이다. 누가 알았겠
는가, 한 방울 연꽃 비로 장안 만호의 먼지를 다 씻어 낼 줄을! 講法曹溪五十
年 覺皇寺裏上頭人 誰知一滴蓮花雨 湼盡長安萬戶塵'이란 영찬으로 승화시켰다.

응봉 정기 應峰正基

# 이사원융 理事圓融 화엄사 산중대덕

非禪非敎 世誰爲之
惟吾師 有時長坐不臥
有時誦經不掇
敎耶禪耶 禪與敎 吾不及而
以形傳形 形有時盡
以道傳形 道無時泯
呵呵
古殿風淸 東峰月白


선도 아니요 교도 아니다. 세상 누가 그러겠는가?
오직 우리 스님은 어느 때는 장좌불와하시고
어느 때는 경전을 독송하시는 것을 가리지 않았다.
교인가 선인가? 선과 교에 나는 미치지 못하지만
형상으로 형상을 전했다면 형상은 다함이 있음이요
법으로 형상을 전했다면 법은 뒤섞임이 없다.
하하,

**응봉당대화상정기진영**應峰堂大和尚正基之影
1931, 비단, 82.5×55.0, 구례 화엄사 삼전

옛 궁전에 바람은 맑고 동쪽 봉우리에 달이 밝다.

———

1941년에 해운 영열海雲榮烈 스님이 스승인 응봉 정기應峰正基, 1853~1919 스님 진영에 올린 영찬이다. 응봉 스님의 진영은 20세기 전반 송광사, 선암사 등지에서 유행했던 사진기법으로 제작됐다. 제작된 시기는 1931년 4월이다. 응봉 스님의 입적 시기와 진영의 제작 시기, 그리고 해운 스님이 찬문을 올린 시기가 차이 나는 것으로 보아 제자들은 한동안 응봉 스님의 사진을 두고 기일을 지내다가 계봉 계문鷄峰戒文, 해운 영열, 만파 영안萬坡永安 등이 뜻을 모아 사진에 근거해 진영을 제작하고, 이후 문도를 대표해 해운 스님이 찬문을 올린 것으로 생각된다.

진영의 주인공 응봉 스님은 승보僧譜에도 이름이 올라 있지 않으며 화엄사에서도 원통전 칠성도1897에서 산중대덕 중 한 분으로 기록되어 있을 뿐이다. 스승의 자취가 후세에 전해지길 바라는 마음에서 제자들은 진영 뒷면에 다음과 같은 행장을 남겼다.

스님의 휘는 '정기'요 '응봉'은 법호이다. 철종 4년 계축 정월 28일 광양읍에서 태어나 전주에 사셨다. 위성僞性은 김씨이나 원래 이씨였고 아버지는 윤성 어머니는 최씨이다. 18세에 연곡사 월함月函 장로에게 머리를 깎았고 취봉翠峰 선사에게 수계하였으며 덕송德松 스님

에게 경전을 배웠다. 중년에 화엄사로 옮겨와 항상 법
화경을 읽고 장좌불와하였으며 세상에 드나들지 않고
시비를 가리지 않았다. 77년을 세상에 머물다 대정 8년
기미 11월 16일에 열반에 드니 스님의 평생을 대략 이
같이 기록한다.

師諱正基應峰法號也 哲宗四年癸卯正月二十七日
生於光陽邑而在居 全州僞姓金原李氏父闰聖母崔
氏 十八歲依於燕爲寺月函長老祝髮受戒于翠峰禪
師經學於德松禪師 中年移于華嚴寺常讀法華經長
坐不臥 不入俗家又不見是非是非七十七 大正八
年己未十一月十六日入涅槃師之生平大略如上而
記之

담해 덕기 湛海德基

# '이사불이理事不二' 모범을 보이다

湛之湛兮　湛徹十方
海之海兮　海無邊際
德之惪兮　德勝乾坤
基之基兮　基不變易
影之影兮　影卽奇妙
然雖如是　影何起
南北東西　覔無本體
无本體兮　月白風淸
山高水長　鶯語
恁妙理　有誰知之　咦

담이라고 하는 담은 시방을 통철한다는 담이요
해라고 하는 해는 한계가 없다는 해이며
덕이라고 하는 덕은 건곤의 수승한 덕이고
기라고 하는 기는 변하지 않는 기틀이요
영이라고 하는 영은 기이하고 미묘한 그림자이다.

**총림대덕일산총령담해당덕기대선사진영**叢林大德一山摠領湛海堂德基大禪師之眞

근대, 면, 118.4×80.1, 부산 범어사성보박물관

모든 것이 이와 같다면 그림자는 어느 곳을 의지하여 일어나는
가?
동서남북 찾아봐도 본체는 없다.
본체는 없는 것인가? 밝은 달과 맑은 바람
높은 산과 멀리 흐르는 물. 앵무, 제비 노래하는데
이는 무슨 묘한 도리인가. 누구 아는 이 있는가? 하하!

일봉 경념一鳳敬念, 1923~1936 활동이 법사인 담해 덕기湛海德基, 1860~1933 선
사 진영에 지어 올린 영찬이다. 담해 스님은 18세에 범어사 연운蓮雲 스
님에게 출가하여 30세에 우봉 영원에게 법을 받아 청허 휴정에서 편양
언기, 환성 지안에서 설송 연초로 이어지는 법맥을 계승했다. 스님은 범
어사에서 총섭과 주지를 역임하면서 불사에 매진하다 스스로 수행의 부
족함을 느껴 양산 내원사에서 하안거를 시작했다. 수행을 하면서 스님은
불사와 수행이 둘이 아님理事不二을 깨닫고, 이사불이의 방편으로 『선문
촬요禪門撮要』와 『권왕문勸往文』, 국역 『지장경』 등 경전 간행에 전념했다.
이 가운데 1908년 간행된 『선문촬요』 목판과 『권왕문』 목판은 현재 범어
사에 보관되어 있다.
담해 스님 영찬을 지은 일봉 스님은 범어사에 전승되어 온 설송 연초 문
중의 법맥과 성월 일전惺月一全, 1866~1943의 계맥戒脈을 이은 근대의 선지
식이다. 일봉 스님은 담해 스님이 입적하자 문도를 대표해 남전 한규 스

님에게 글을 받아 범어사에 비碑를 세웠다. 담해 스님 비에는 행장만이 아니라 퇴은 등혜 스님부터 이어져 오는 법맥과 원정문인圓庭門人, 그리고 담해 스님의 법제法弟와 증손曾孫 등 범어사의 설송문도가 총망라되어 있다. 이처럼 일봉 스님은 스승의 행적이 후세에 길이 보전되고 범어사의 역사와 함께한 문중의 위세를 드높이고자 비를 건립했다. 이와 때를 맞춰 진영을 조성하고 찬문을 올림으로써 제자의 예를 다하고자 했다.

# 공 속에 '환화'로 나투다

這箇龍象幻容云
是栗庵和尙師之庵也
栗以所建師之儀兮
贊之孰能欲眞面
月色又水聲一笑
無言坐庵空義亦空
空裡現形
幻化住煥乎

저 하나의 용상은 허깨비 모습이라 하고
이는 율암 화상의 암자이다.
율栗은 지켜 온 스님의 위의이다.
찬으로 무엇을 하고자 하는 진면목인가.
돌! 달빛과 물소리 함께 웃고
말없이 암자에 앉아 있으니 공한 뜻 또한 공하다.
공 속에 나툰 모습

**율암당대선사진영** 栗庵堂大禪師眞影
1929, 비단, 93.5×56.5, 순천 송광사 풍암영각

환화공신이 진영으로 머문다.

———

율암 스님 진영은 20세기 초 유행한, 사진을 보고 형상을 옮겨 그리는 기법으로 제작됐다. 이런 이유로 진영 속 율암 스님의 모습은 실물을 보는 듯 사실적이며, 배경은 인물을 돋보이게 하기 위해 어둡게 처리했다. 1929년 12월에 정사영진당精舍永眞堂에서 금명 보정 스님이 율암 찬의 栗庵贊儀, 1867~1929 스님을 위해 지은 영찬이다. 이 찬문은 금명 스님이 입적하기 삼 개월 전에 쓴 것으로 현재 송광사에 모셔진 율암 스님 진영 상단에는 스님의 친필로 적은 '율암대선사진찬栗庵大禪師眞賛'이 그대로 붙어 있다. 『조계고승전曹溪高僧傳』에 의하면 1929년 4월에 율암 스님이 입적하고 문인門人이 방장실에 스님의 진영을 모셨다고 한다.

금명 스님의 찬문은 이 진영을 보고 지은 듯하다. 진영을 용상환용龍象幻容이라 이르며 이를 율암 스님의 암자라 칭하고, 정면을 응시하는 스님을 말없이 암자에 있는 형상처럼 공空하고 공해 보이지만 결국 공 가운데 불빛을 머금은 환화幻化로 세상에 그 모습을 나툰다는 표현은 율암 스님 진영에 관한 묘사 그 자체라 할 수 있다.

율암 스님과 금명 스님은 원응 계정圓應戒定, 성호誠浩, 경운 원기, 화일化一, 육파 기운六波奇雲, 청봉 세영淸峯世英과 더불어 칠처고붕七處高朋이라 일컬을 정도로 돈독한 친분을 유지했다. 한편 금명 스님은 영찬 외에도 '여수 가산은 옛날 율촌이다. 어리석은 사람이 사문이 됐다. 길거리 술통으로 교화해 마치니, 빠른 발로 내달린 세상을 놀라게 한 혼이다麗水佳山古栗村 魯齊一變作沙門 衢樽滿醉化儀畢 迅足驚世魂'라는 율암 스님에 관한 찬송贊頌을 남겼다. 여수 율촌 출신의 사문은 율암 스님으로, 선학들을 앞지를 정도로 뛰어났으며足後發前至者, 술로 다른 이를 취하게 해 세속에서 벗어나 진리에 들어가는 교화入眞出俗 滿醉十千斗之衢樽를 펼치기도 했다. 이 찬송은 금명 스님의 또 다른 저서인 『조계고승전』에서 율암 스님의 행장으로 풀이되어 오늘날까지 전한다.

이 책에
실린
선사들의
법맥도

부록

## 1. 이 책에 소개된 청허문중과 부휴문중의 선사들

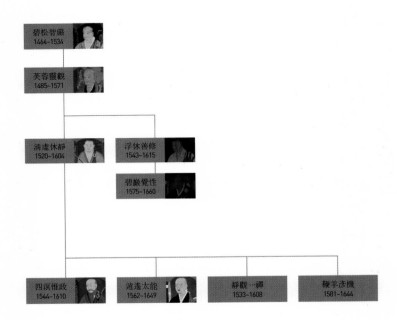

## 2. 이 책에 소개된 사명문중의 선사들

# 3. 이 책에 소개된 소요문중의 선사들

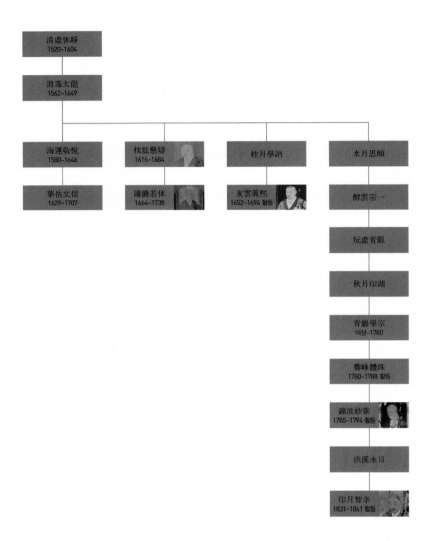

清虛休靜
1520~1604

道逢太能
1562~1649

海運敬悅
1580~1646

枕肱懸辯
1616~1684

桂月學訥

水月思順

華岳文信
1629~1707

護嚴若休
1664~1738

友雲眞熙
1652~1694 활동

醉雲宗一

玩虛靑眼

秋月印湖

靑巖學宗
미상~1780

響蜂體珠
1780~1788 활동

錦波妙華
1785~1794 활동

洪溪永日

印月智幸
1831~1861 활동

## 4. 이 책에 소개된 편양문중 상봉문파의 선사들

## 5. 이 책에 소개된 편양문중 월저문파의 선사들

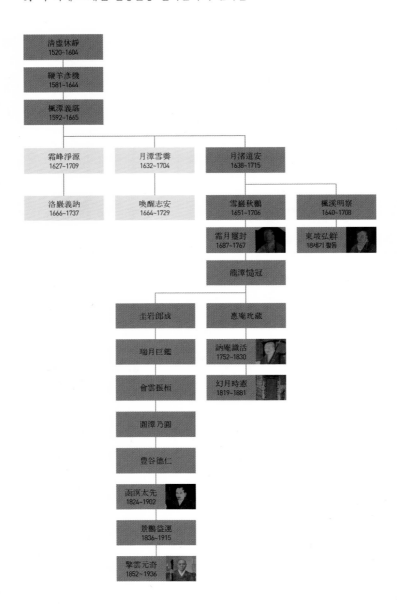

清虛休靜
1520~1604

鞭羊彦機
1581~1644

楓潭義諶
1592~1665

霜峰淨源
1627~1709

月潭雪霽
1632~1704

月渚道安
1638~1715

洛巖義訥
1666~1737

喚醒志安
1664~1729

雪巖秋鵬
1651~1706

楓溪明察
1640~1708

霜月璽封
1687~1767

東坡弘解
18세기 활동

龍潭慥冠

圭巖朗成

惠庵玩藏

瑞月巨鑑

訥庵識活
1752~1830

會雲振桓

幻月時憲
1819~1881

圓潭乃圓

豊谷德仁

函溟太先
1824~1902

景鵬益運
1836~1915

擎雲元奇
1852~1936

## 6. 이 책에 소개된 편양문중 월담문파의 선사들

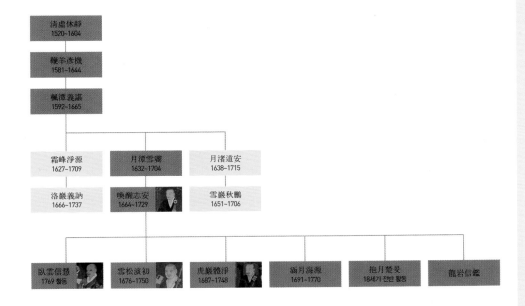

## 7. 이 책에 소개된 편양문중 환성계파 선사들(설송파)

喚醒志安
1664~1729

臥雲信慧
1769 활동

雪松演初
1676~1750

虎巖體淨
1687~1748

涵月海源
1691~1770

抱月楚旻
18세기 전반 활동

龍岩信鑑

凝庵僧愈
1734~1767 활동

晋溪伸瑞
18세기 활동

太虛南鵬
미상~1777

東坡坦鶴

慶坡敬審

淵坡德藏

珍峰平海

遺峯有閒
1786~1800 활동

鶴松翰英

東溪萬羽
1792~1821 활동

華岳泰榮
1823~1845 활동

度庵宇伸
1801~1823 활동

星坡永悟

退隱等慧
1791~1813 활동

鶴松理性

華峯有喆

清潭邊一
1843~1845 활동

景坡詔岸

栢巖寬弘

雙湖會躍

金龍景洽

聖潭倚珣
미상~1854

月波天有
1821~1866 활동

東谷智訓

五聲右竺
1866~1890 활동

應虛漁洽
1858~1872 활동

海山壯佑

友峰永願

湛海德基
1860~1933

## 8. 이 책에 소개된 편양문중의 환성계파 선사들(호암파)

```
喚醒志安
1664~1729
 ├─ 臥雲信慧
 │   1769 활동
 ├─ 虎巖體淨
 │   1687~1748
 ├─ 雪松演初
 │   1676~1750
 ├─ 涵月海源
 │   1691~1770
 ├─ 抱月楚旻
 │   18세기 전반 활동
 └─ 龍岩信鑑
```

虎巖體淨 계열:
- 萬化闡悟 1694~1758
- 靑峰巨岸 18세기 후반 활동
- 雪坡尙彦 1707~1791
- 龍波道周 1755~1775 활동

栗峰靑杲 1738~1823 / 凝波允仁 / 鷺峰軌鵬 / 金波任秋

龍巖慈彦 1783~1841 / 鴻溟軌觀 1807~1825 활동 / 海松寬俊 / 三星曇准 / 蔚庵敬儀 1835~1845 활동

布雲閏聚 미상~1853 / 鳳岩留坦 / 九龍天有 1775~1823 활동

雨潭有定 미상~1876 / 華雲觀眞 19세기 후반 활동 / 聖谷愼旻 1835~1858 활동

錦雨弼基 19세기 후반

413

## 9. 이 책에 소개된 편양문중의 환성계파 선사들(함월파)

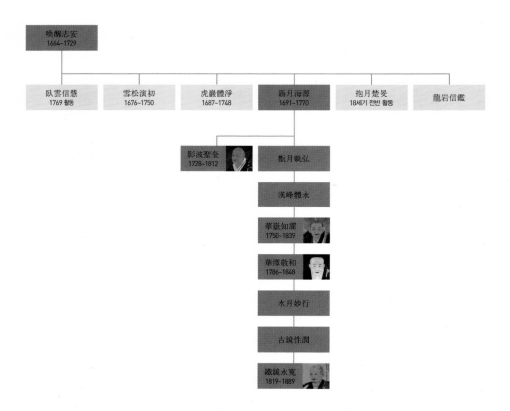

414

10. 이 책에 소개된 편양문중의 환성계파 선사들(포월파)

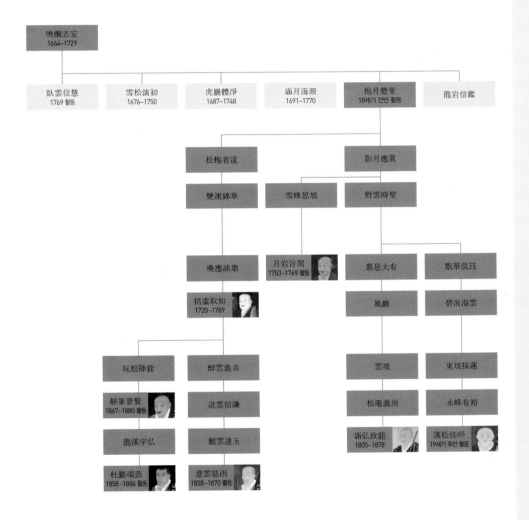

## 11. 이 책에 소개된 편양문중의 환성계파 선사들(용암파)

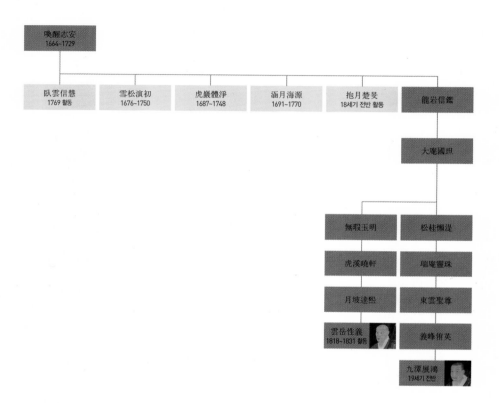

불조종파지도佛祖祖師宗派之圖
1724, 종이, 182.0×55.8, 대구 동화사 성보박물관

碧松智儼 ···· 芙蓉靈觀 ···· 淸虛休靜 ···· 四溟惟政 ···· 松月應祥 ···· 松坡覺敏 ···· 東雲慧遠

虛白明照

春坡雙彦 ···· 虛谷懶白 ···· 松巖尙學 ···· 海月楚一 ···· 鰲巖毅旻

逍遙太能 ···· 海運敬悅 ···· 華岳文信

枕肱懸辯 ···· 護巖若休

桂月學訥 ···· 友雲眞熙

水月思順 ···· 醉雲宗一 ···· 玩虛靑眼 ···· 秋月印湖 ···· 靑巖學宗 ···· 霽峰體珠 ···· 錦波妙華 ···· 洪溪永日 ···· 印月智幸

靜觀一禪 ···· 任性沖彦 ···· 圓應志勤 ···· 秋溪有文 ···· 無景子秀 ···· 養心雲峰 ···· 蟠龍處愿 ···· 樂庵自一 ···· 任城天性 ···· 樂峰大仁 ···· 春潭大演 ···· 寶鏡慧璟

鞭羊彦機 ···· 楓潭義諶 ···· 霜峰淨源 ···· 洛巖義訥 ···· 海峯有璣 ···· 永虛贊慧 ···· 雲谷言輔 ···· 浩雲志璇 ···· 禮峯平信 ···· 玩虛仗涉

冶峰幻善

堅峰元淨

落賓弘濟 ···· 箕城快善 ···· 寶月智證 ···· 冠月景修 ···· 澄月正訓

雲岳玉俊 ···· 醉惺明悅 ···· 碧峰德雨 ···· 仁嶽義沾

月潭雪霽 ···· 喚醒志安 ···· 臥雲信慧

雪松演初 ···· 凝庵僖愈 ···· 慶坡敬審 ···· 東溟萬羽 ···· 鶴松理性 ···· 雙湖會躍 ···· 五聲右竺

華峰有喆 ···· 金龍景洽 ···· 應虛奫冶

華岳泰榮

淵坡德藏 ···· 度庵宇伸 ···· 淸潭遵一 ···· 聖潭倚典

晋溪伸瑞

太虛南鵬 ···· 珍峰平海 ···· 星坡永悟 ···· 景坡詔岸 ···· 月波天有

道峯有聞

東坡坦鶴 ···· 鶴松翰英 ···· 退隱等慧 ···· 栢巖寬弘 ···· 東谷智訓 ···· 海山壯佑 ···· 友峰永顗 ···· 湛海德基

虎巖體淨 ···· 萬化圓悟

雪坡尙彦 ···· 退庵泰觀 ···· 雪峰巨日 ···· 白坡亘璇 ···· 龜峰仁裕 ···· 道峰國粢 ···· 正觀快逸 ···· 白岩道圓 ···· 雪竇有炯

靑峰巨岸 ···· 栗峰靑杲 ···· 龍巖慧彦 ···· 布雲閏聚 ···· 雨潭有定

華雲觀眞 ···· 錦雨弼基

龍波道周 ···· 凝波兌仁 ···· 鴻溟軌觀

金波任秋 ···· 蔚庵敬儀

鷲峰軌鵬 ···· 海松寬俊 ···· 鳳岩留坦 ···· 聖谷愼旻

三星瑞澄 ···· 九龍天有

涵月海源 ···· 影波聖奎

剜月軌弘 ···· 漢峰體永 ···· 華嶽知濯 ···· 華潭敬和 ···· 水月妙行 ···· 古鏡性潤 ···· 鐵鏡永寬

抱月楚珉 ···· 松梅省遠 ···· 雙運錦華 ···· 喚應談肅 ···· 括虛取如 ···· 玩松陟銓 ···· 靜峯景賢 ···· 龍溪宇弘 ···· 杜巖瑞芸

醉雲義貞 ···· 退雲信謙 ···· 願雲達玉 ···· 意雲慈雨

影月應眞 ···· 野雲時聖 ···· 慕恩大有 ···· 鳳巖 ···· 雲坡 ···· 松庵義坦 ···· 涵弘致能

剜華混珏 ···· 碧波海雲 ···· 東坡採蓮 ···· 永峰有裕 ···· 漢松佳坪

雪峰思旭 ···· 月岩旨聞

龍巖信鑑 ···· 大庵國坦 ···· 無瑕玉明 ···· 虎溪曉軒 ···· 月坡達熙 ···· 雲岳性義

松桂懶湜 ···· 瑞庵靈珠 ···· 東雲聖彜 ···· 義峰侑英 ···· 九潭展鴻

月渚道安 ···· 雪巖秋鵬 ···· 霜月璽封 ···· 龍潭慥冠 ···· 惠庵玧藏 ···· 訥庵識活 ···· 幻月時憲

圭岩朗成 ···· 瑞月巨鑑 ···· 會雲振桓 ···· 圓潭乃圓 ···· 豊谷德仁 ···· 函溪太先 ···· 景鵬益運 ···· 擎雲元奇

楓溪明察 ···· 東坡弘辭

浮休善修 ···· 碧巖覺性 ···· 翠微守初 ···· 栢巖性聰 ···· 無用秀演 ···· 影海若坦 ···· 楓巖世察 ···· 黙庵最訥 ···· 海鵬展翎

幻海法璘 ···· 影峰表正 ···· 枕溟翰醒

應庵郎允

白谷處能

暮雲震言 ···· 葆光圓旲 ···· 晦庵定慧 ···· 龍巖彩晴

華峰照源

## 12.이 책에 소개된 벽암문중의 선사들

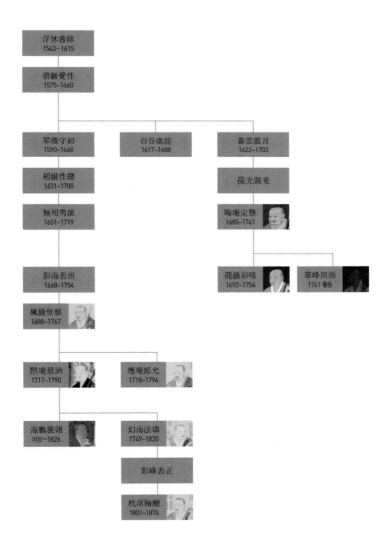

## 참고문헌

| 도움 받은 책과 논문 |

『서역중화해동불조원류 西域中華海東佛祖源流』

『사명당승손세계도 四溟堂僧孫世系圖』

『사명당지파근원록 四溟堂枝派根源錄』

『상봉문보 霜峰門譜』

『율봉문보 栗峰門譜』

『해동불조원류 海東佛祖源流』

『증보불조원류 增補佛祖源流』

『삼국유사 三國遺事』

『동사열전 東師列傳』

『불조록찬송 佛祖錄讚頌』

『조계고승전 曹溪高僧傳』

『다송문고 茶松文稿』

『다송시고 茶松詩稿』

『한국고승비문총집 韓國高僧碑文總集』

『삼로행적 三老行蹟』

『청허당집 淸虛堂集』

『부휴당집 浮休堂集』

『소요당집 逍遙堂集』

『인악집 仁岳集』

『괄허집 括虛集』

『삼봉집 三峰集』

『침굉집 枕肱集』

『호은집 好隱集』

『해붕집 海鵬集』

『환성시집 喚醒詩集』

『함홍당집 涵弘堂集』

『경허집 鏡虛集』

『번암집 樊岩集』

『완당전집 阮堂全集』

『전국사찰소장고승초상화보고서 全國寺刹所藏高僧肖像畵報告書』, 문화재관리국, 1990
『빛깔있는 책들-고승 진영』, 대원사, 1990
『한국고승진영전 韓國高僧眞影展-깨달음의 길을 간 얼굴들』, 직지성보박물관, 2000
『한국의 사찰문화재 강원도~전국보강』, 문화재청·불교문화재일제조사, 2003~2014
김국보, 「조선후기 朝鮮後期 경상도지역 慶尙道地域 고승진영 高僧眞影 연구 硏究」,
        동아대 박사학위논문, 2009
이도영, 「조선후기 朝鮮後期 승려 僧侶 진영 眞影 연구 硏究」, 홍익대 석사학위논문, 2012
장모창, 「선암사 仙巖寺 고승진영 高僧眞影 연구 硏究」, 동국대 석사학위논문, 2007
신대현, 「고승 高僧 진영 眞影의 찬문 讚文으로 본 고승 高僧의 생애 生涯」, 〈사학연구〉 90, 2008

| 아카이브 자료 |

불교기록문화유산아카이브 http://kabc.dongguk.edu
한국고전적종합목록시스템 http://www.nl.go.kr/korcis
한국고전번역원 http://www.itkc.or.kr
한국금석문 종합영상정보시스템 http://gsm.nricp.go.kr

## 『진영에 깃든 선사의 삶과 사상』을 함께 만드신 분들

진해 청소년전당 원정 (창원 성주사 전 주지)
하남 광덕사 주지 무상
칠곡 도덕암 주지 법광
서울 도선사 주지 도서
가평 백련사 주지 승원
서울 조계사 주지 지현
서울 봉은사 주지 원명
제주 관음사 주지 정여
창원 불곡사 주지 도홍
화순 만연사 주지 자공
진해 천진암 주지 해초
마산 자비정사 주지 진홍
서울 미타사 금수암 명선
대승여행사 대표 박규석
고려대장경연구소 소장 이지범
불교음악원 감독 김회경
주식회사 미래스템 대표 이상종

가평 아가타보원사 신도
무불지, 불퇴지, 조영룡, 조수아, 진여심, 능인성